ÉDOUARD PETIT

Épargnant 3.0

3e édition

À PROPOS DE L'AUTEUR

Édouard Petit est spécialiste de finances personnelles. Investisseur chevronné, mais non professionnel de la finance, il prodigue des conseils en toute indépendance.

Dans ses ouvrages, il décrit, dans un langage accessible, une méthode fondée sur des principes de gestion issus de la meilleure recherche académique. Elle permet d'accéder à une performance excellente tout en maîtrisant le risque et en n'y passant que quelques minutes par mois. Cette méthode, appelée la « gestion passive », a déjà été largement adoptée dans le monde anglo-saxon.

Épargnant 3.0, est le premier ouvrage sur la gestion passive dans un contexte français. Il se lit en moins de deux heures et s'est déjà vendu à plusieurs milliers d'exemplaires depuis sa première édition en 2015. Son deuxième livre, Créer et piloter un portefeuille d'ETF est l'ouvrage de référence.

Il a créé des formations en ligne qui aident des centaines de particuliers à mieux développer leur patrimoine grâce à la gestion passive.

Il édite un blog de référence sur la gestion passive et les ETF : www.epargnant30.fr

Édition de mars 2021

À Maxime

SOMMAIRE

« Mon conseil ne peut pas être plus simple : mettre 10 % de son portefeuille en obligations d'État et 90 % sur des actions au travers d'un fonds suivant un indice pour un très faible coût. Je pense que les résultats à long terme seront meilleurs que pour les investisseurs s'appuyant sur des fonds à frais élevés. »

Warren Buffett

Investisseur de légende et 3e homme le plus riche du monde

POURQUOI ?

Pourquoi écrire ce livre alors que je ne suis pas banquier ?

Justement parce que je n'en suis pas un. Les banquiers sont naturellement les gens vers qui nous nous tournons pour prendre des décisions liées à notre épargne. Pourtant, ils ne sont pas nécessairement les plus objectifs.

D'ailleurs, les Français ne s'y trompent pas. Selon un sondage publié en 2020, moins de 50 % d'entre eux font confiance à leur banque [1]! Les conseillers sont toujours suspectés de proposer les produits à plus forte marge...

Pourtant, les enjeux sont énormes pour votre foyer. Épargner et développer votre patrimoine peut servir à de nombreux projets : se marier, acheter un appartement, financer les études des enfants, faire le tour du monde, aider un aïeul en difficulté, faire face à des coups durs, choisir de travailler moins ou différemment...

Mais aussi, et peut-être surtout, préparer votre retraite ! Le taux de remplacement, c'est-à-dire le montant de la retraite par rapport à son dernier salaire, est déjà inférieur à 50 % pour les cadres et il ne cesse de baisser[2].

Les Français le savent. Ils ont d'ailleurs un taux d'épargne élevé, aux alentours de 15 %, contre 11 % en

---

[1] Relations Banques & Clients - 10ème édition (Deloitte).
[2] Votre taux de remplacement prévisionnel peut être simulé sur le site officiel des organismes de retraite, marel.fr.

moyenne dans l'Union européenne, et 5 % aux États-Unis[1]. Mais plus des deux tiers du patrimoine accumulé sont composés d'immobilier[2]. Contrairement à d'autres pays, il y a très peu d'actionnaires individuels. Certes, l'immobilier peut être un excellent placement, a fortiori en tant que résidence principale. Cependant, la diversification est un principe de saine gestion.

Il faut dire que l'environnement français ne favorise pas le développement d'un patrimoine équilibré et performant : une faible éducation dans ce domaine, l'amour historique pour la pierre et son faible taux d'imposition (pour la résidence principale en particulier), la retraite par répartition, l'attrait pour les mécanismes de défiscalisation (souvent immobilier), le mythe de la finance réservée à une « élite » ou à des initiés, le sentiment que gérer son patrimoine ou investir en Bourse prend nécessairement un temps incroyable...

Pourtant, il est possible de faire fructifier votre épargne, de manière très accessible, pour moins d'une minute par mois ... et avec une performance que je n'hésite pas à qualifier d'exceptionnelle.

Il ne s'agit pas d'une recette magique, potentiellement secrète, inventée par je ne sais quel gourou. Cette méthode est le fruit de la recherche académique en la matière depuis maintenant près de 50 ans. D'ailleurs, plusieurs prix Nobel d'Économie ont été décernés aux chercheurs dans le domaine. De grands auteurs financiers

---

[1] Eurostat et OCDE.
[2] Insee Première. Novembre 2016.

l'ont popularisée aux États-Unis et de célèbres investisseurs tels que Warren Buffett la conseillent.

En réalité, le monde de l'épargne a beaucoup évolué depuis un siècle.

Au commencement, l'épargnant, que nous nommerons Épargnant 1.0, était obligé de sélectionner un par un ses produits et actions. Il avait un accès limité aux informations et des frais de transaction et de gestion très importants. Cela l'empêchait, en particulier, de correctement diversifier. Il encourait donc des risques significatifs lorsqu'il voulait profiter de la performance des actions ou même de tout autre investissement.

L'invention des fonds nous a fait passer dans l'ère de l'Épargnant 2.0. Avec un seul produit, l'épargnant a pu acheter de multiples actions ou obligations. Cela a été très bénéfique pour l'épargnant qui a pu limiter son risque. Mais cela a aussi été très bénéfique à l'industrie financière. Fin 2019, aux États-Unis, il y avait 15 000 fonds, soit plus que d'entreprises cotées aux États-Unis. Cela représente un encours de 25 000 Mds $ et la moitié de l'encours mondial. Il faut dire que plus de 44 % de la population américaine possède des fonds[1]. En France, le nombre de sociétés de gestion est passé de 353 en 1999 à 660 en 2020. Elles gèrent désormais 4 000 Mds € d'encours[2].

---

[1] Investment Company Factbook 2020.
[2] AFG (Association Française de la Gestion financière).

Aujourd'hui, l'épargnant peut passer au stade 3.0 grâce à deux innovations majeures.

Tout d'abord une innovation dans le domaine financier, les trackers, aussi appelés ETF (Exchange Traded Funds). Il s'agit d'un type de fonds qui suit précisément et mécaniquement un indice, tel que le CAC 40. Cette technique permet de diviser les frais de gestion perçus par le banquier par cinq ! Mais nous le verrons plus tard, c'est loin d'être son seul atout.

Ensuite le digital bien sûr. Il permet la mise à disposition de nouveaux services tels que les banques en ligne. Il permet aussi une meilleure diffusion des informations et connaissances. L'accès aux travaux des meilleurs chercheurs du domaine n'a jamais été aussi aisé.

La technique décrite dans ce livre est parfois appelée « Lazy Investing » (l'investissement paresseux) aux États-Unis. Elle se répand de plus en plus. Aujourd'hui, pratiquement dix millions d'Américains possèdent des trackers[1].

Cependant, à ce jour aucun ouvrage francophone ne traitait du sujet.

Ce petit livre à l'usage des épargnants *paresseux* cherche donc à combler ce manque. Il a plusieurs objectifs :

- Expliquer les concepts de base en s'appuyant sur des faits et sur la recherche académique.

---

[1] Investment Company Factbook 2020.

- Transposer les concepts américains à une culture française et aux produits financiers disponibles.
- Vous aider à sauter le pas.

En à peine plus de deux heures, soit quelques trajets de métro, vous aurez les bases de la méthodologie. Deux heures maintenant, puis une minute par mois, pour être capable de faire mieux que la plupart des investisseurs individuels et professionnels, y compris votre propre banquier...

La première édition d'Épargnant 3.0 est parue fin 2015 et a déjà séduit plusieurs milliers de lecteurs. Vous êtes en train de lire la 3e édition, mise à jour en 2021.

Depuis 2015, les ETF dont nous allons parler se sont un petit peu démocratisés. On les trouve, par exemple, désormais dans les meilleures assurances vie, alors qu'il y a quelques années c'était réellement une exception.

J'ai aussi chaque mois de plus en plus de visiteurs sur mon site web et de nombreuses personnes qui participent aux formations.

La presse à la fois spécialisée en finances personnelles et grand public commence à en parler. J'ai par exemple écrit un article dans l'excellent magazine « Le Particulier ».

J'enseigne désormais, en marge de mon métier (qui n'est pas la finance, je le rappelle) dans une prestigieuse école de commerce, à la fois dans le cursus Grande École et dans des masters en gestion de patrimoine.

Certaines statistiques sont très encourageantes. Par

exemple, selon l'AMF (Autorité des Marchés Financiers) près de 1,4 million de particuliers en France ont passé un ordre d'achat ou de vente sur des actions en 2020. Une hausse significative. Aussi, le nombre d'investisseurs particuliers actifs sur les fonds indiciels cotés (ETF) a augmenté de 33 % par rapport à 2019, à 233 000, et de 63 % en deux ans.

Cependant, il reste beaucoup de chemin à parcourir.

De nombreux particuliers ne cherchent pas à développer leur patrimoine, ou cherchent à le développer en utilisant des mauvais réflexes.

Grâce à ce livre, vous allez découvrir qu'il est possible, grâce à un certain nombre de bonnes pratiques, de développer votre patrimoine en une minute par mois, avec performance et sérénité.

C'est possible, il suffit de vous y mettre !

C'est parti !

Je vous souhaite une excellente lecture, le meilleur pour votre épargne et surtout le meilleur pour tout le reste.

Édouard Petit

Afin de compléter cet ouvrage, vous pouvez :

- Visiter le site internet www.epargnant30.fr

  Je partage régulièrement sur le blog des bonnes pratiques d'investissement, mon retour sur l'actualité et mon avis sur des produits ou services financiers.

- Télécharger gratuitement le guide des ETF. www.epargnant30.fr/guide

  Nous allons voir pourquoi ce sont des outils indispensables à connaître que vous puissiez développer votre patrimoine avec performance et sérénité.

Vous pouvez prendre en photo le QR code ci-dessous avec votre téléphone portable afin d'être redirigé vers la page de téléchargement du guide.

« Un singe lançant, les yeux bandés, des fléchettes sur les pages financières d'un journal, pourrait choisir des actions qui feraient tout aussi bien que celles soigneusement sélectionnées par des experts. »

Burton Malkiel

Économiste, professeur à Princeton
Auteur du très célèbre « Une marche au hasard au travers la bourse »

LES 8 CONCEPTS DE BASE

Afin de faciliter la lecture, je vous propose de résumer dès le début du livre les concepts clés qui vont être détaillés par la suite.

❶ La bourse n'est pas un jeu à somme nulle. Elle monte sur le long terme de façon très significative.

❷ Investir dans la durée permet de limiter les risques et de profiter plus sereinement de la performance de l'ensemble des actifs, en particulier des actions.

❸ Le marché est très efficient. Battre le marché relève plus souvent de la chance que de la compétence.

❹ La performance moyenne des fonds est égale à la performance du marché moins leurs frais (environ 2 % par an).

❺ Il n'est pas possible de prévoir quel gestionnaire de fonds pourrait le mieux performer à l'avenir (et donc faire mieux que le marché).

❻ Il est possible d'investir pratiquement gratuitement dans le marché grâce aux ETF (Exchange-Traded Funds).

❼ La diversification permet de réduire très significativement le risque.

❽ Les intérêts composés sont d'une extrême puissance. Quelques pour cent de performance annuelle gagnés créent une gigantesque différence sur le long terme.

« Lorsque vous jouez au casino à Las Vegas, les statistiques sont en faveur de la banque. En bourse c'est le contraire, les statistiques vous sont favorables : le marché progresse. »

Harry Markowitz

Prix Nobel d'Économie 1990

8,5 % PAR AN C'EST POSSIBLE…

8,5 % c'est, selon le célèbre économiste américain Robert Schiller, la performance annualisée des actions américaines depuis 1871. Je ne sais pas si ce chiffre vous paraît petit ou énorme. Mais comparez-le aux 0,5 % du Livret A ou même aux 1,1 % des fonds en euros en 2020[1].

Pour bien le comprendre, il faut aussi intégrer toute la puissance des intérêts composés. Lorsque vous placez 1 000 € à 5 % par an, l'année suivante vous obtenez 1 050 €. L'année suivante, vous gagnez à nouveau 5 % sur ces 1 050 € (et non sur les 1 000 € du départ), soit 1 102,50 € en tout, etc. Einstein aurait, d'ailleurs, dit : « les intérêts composés sont la plus grande force dans tout l'univers ». L'argent créé, créant lui-même de l'argent, au rythme de 8,5 % par an, vous doublez votre épargne tous les 8,5 ans !

Mais d'où vient cette hausse séculaire des actions ? De la croissance de leur prix, et des dividendes. Les dividendes sont la part des bénéfices que vous touchez en tant que propriétaire d'un morceau d'entreprise. Françoise Bettencourt Meyers et Bernard Arnault ne sont pas les seuls à avoir le droit de percevoir dividendes. Tout actionnaire les perçoit. À titre d'exemple, le taux de rendement sur dividendes des actions du CAC 40 est de 2 % début 2021. Nettement plus que le taux du livret A ou celui d'un fonds en euros moyen.

---

[1] Estimation du rendement moyen des fonds en euros en 2020

Il existe même des actions nommées les « dividend aristocrats » dont le dividende augmente chaque année. Cela permet de s'assurer un soutien constant et durable de leurs investisseurs. Aux États-Unis, il y a des dizaines de dividend aristocrats. Par exemple, Coca-Cola paye des dividendes trimestriels depuis 1920. Et ils ont constamment été augmentés depuis 50 ans. Plus proche de nous, le dividende d'Air Liquide a augmenté en moyenne de plus de 5 % par an durant les 30 dernières années.

Mais cette performance américaine de 8,5 % est-elle exceptionnelle ? Pas totalement ! Regardez le graphique ci-dessous : la moyenne des actions dans le monde a eu une performance de 9,6 % par an entre fin 1969 et fin 2020, avec une multiplication par 107 : 1 € placé fin 1969 est ainsi égal à 107 € aujourd'hui. Je ne pense pas que ce soient des chiffres que l'on entende souvent !

Évolution de 100 € placés dans un portefeuille d'actions mondiales (fin 1969 – fin 2020) [1]

---

[1] MSCI World Gross Return (Dividendes bruts réinvestis).

L'épargnant français assimile souvent la hausse des actions à la performance du CAC 40. Mais c'est en réalité très trompeur. Tout d'abord le CAC 40, comme son nom l'indique, ne compte que 40 sociétés alors que la bourse parisienne en compte plus de 500. Ensuite, le marché français ne représente pas le marché mondial qui compte plus de 50 000 sociétés cotées. Et enfin, le CAC 40 ne comptabilise pas les dividendes. Le CAC 40 a eu une performance de 5,5 % par an entre 1987 et fin 2020. Mais si l'indice intégrait les dividendes, il aurait eu une performance de 9 % par an. Une belle différence !

Nous le verrons plus tard, il est indispensable de ne pas se cantonner aux 40 plus grosses entreprises françaises. Il faut investir dans le monde entier. De plus, c'est très facilement réalisable. C'est pour cette raison que dans ce livre, je ne me référerai pas uniquement à la bourse française. Je m'appuierai sur des analyses des bourses mondiales dans leur ensemble ou de la bourse américaine. En effet, cette dernière pèse tout de même pour plus de 50 % de la capitalisation mondiale et elle a l'avantage d'avoir été très largement étudiée.

Cela étant, pour savoir ce que vous avez réellement gagné, il est tout de même préférable de raisonner en pouvoir d'achat. Il faut retrancher l'inflation, c'est-à-dire l'augmentation des prix, de la performance annuelle des actions. En effet, l'inflation a pu être très élevée à certains moments, y compris dans les marchés développés. Rappelez-vous qu'elle a été d'à peu près 10 % en moyenne de 1973 à 1983 en France. En prenant en compte le pouvoir d'achat (l'inflation moyenne est légèrement inférieure à 3 % par an depuis 1900), les résultats sont les suivants pour la moyenne des actions mondiales[1] :

- 5,2 % par an de 1900 à 2019,1 € placé en 1900 est égal à plus de 250 € « réels » (en pouvoir d'achat) en 2019.
- 5,5 % par an de 1970 à 2019.
- 3,1 % par an de 2000 à 2019.

Les chiffres montrent que les années 2000 ont été moins favorables aux actions, contrairement à l'immobilier comme vous devez le savoir. Ce n'est pas catastrophique, mais c'est tout de même bien. Il faut dire que nous avons enchaîné plusieurs graves crises sur cette période : éclatement de la bulle internet, crise financière de 2008, pandémie du coronavirus ...

Mais regarder uniquement sur cette « courte » période est trompeur. Sur le long terme les performances des actions ont été exceptionnelles : 5,1 % par an en pouvoir d'achat et à peu près 8 % par an sans prendre en compte l'inflation. C'est tout de même un peu moins que pour les États-Unis. De 1900 à 2019, la bourse américaine a eu une performance annualisée de 6,5 %. Cette surperformance des États-Unis s'explique par plusieurs facteurs. D'abord, les États-Unis ont eu une croissance exceptionnelle. Ensuite, c'est un des rares pays à ne pas avoir connu de guerre sur son sol.

Ce sont évidemment des retours historiques et il n'est pas certain qu'un investissement en actions progresse au même rythme à l'avenir. Définir la performance future des

---

[1] Crédit Suisse Global Investment Returns Yearbook 2020.

actions est complexe. Il existe différents modèles, qui restent des approximations. Un des modèles dit que la performance des actions sur le long terme est censée être le taux des dividendes actuels augmenté de la croissance des dividendes. La croissance des dividendes est relativement corrélée à la croissance de l'économie (nette d'inflation). Cela veut dire qu'en cas de croissance nulle on est censé toucher au minimum la performance des dividendes. Le rendement des dividendes est, début 2021, en moyenne dans le monde, de 1,8 %. Et on peut espérer toucher plus grâce à la croissance.

La complexité de l'investissement en actions n'est pas la performance, mais le risque associé. Car si la performance sur le long terme a été très forte, elle peut l'être nettement moins sur le court terme avec des chutes vertigineuses et parfois des périodes assez longues de mauvaises performances. Il faut être patient, et avoir le cœur bien accroché !

En réalité, si vous êtes capable d'accepter des pertes exceptionnelles et passagères, nous le verrons dans le chapitre suivant, vous obtiendrez en retour une performance probablement très forte de votre épargne. Mais lorsque vous êtes propriétaire de votre résidence principale, l'évolution du prix du m^2 à court terme ne vous empêche pas de dormir. Il pourrait en être de même pour les actions. De toutes les façons, les actions sont-elles si risquées que cela ?

« Bien que les actions soient plus volatiles que les obligations sur le court terme, après une période de détention de 15 à 20 ans, les actions deviennent moins risquées que les obligations. »

Jeremy Siegel

Professeur de finance à Wharton

ET MOINS RISQUÉ QUE PRÉVU !

Tout d'abord, comment peut-on définir le risque ?

Un peu comme le temps pour la philosophie ou la science, c'est un concept que l'on appréhende facilement dans la vie de tous les jours, mais qu'il est difficile de définir précisément.

En finance, les chercheurs le mesurent souvent par la volatilité. La volatilité[1] est la variabilité du cours de Bourse : plus le cours « oscille » d'une journée à l'autre, plus la volatilité est élevée. C'est l'indicateur le plus utilisé pour définir le risque financier.

Cela étant, cette définition n'est pas parfaitement adaptée à l'épargnant. D'une part, elle ne correspond pas à son comportement, car il ne regarde pas les cours osciller tous les jours. D'autre part, elle est difficile à comprendre « mathématiquement ». Si quelqu'un vous dit que les marchés européens ont en ce moment une volatilité de 18 % et les pays émergents 25 %, il est peu probable que cela vous parle !

La perte maximale de votre épargne me paraît un indicateur beaucoup plus adapté. Et des pertes importantes, il ne faut pas le cacher, il y en a en bourse. Cependant, il ne faut pas oublier qu'elles sont souvent

---

[1] La volatilité historique est l'écart type des variations, souvent journalières ou mensuelles, mais ramenées sur une base annuelle. Il existe d'autres méthodes de calcul plus complexes.

suivies par une très forte hausse et que les hausses durent souvent plus longtemps que les baisses.

Les exemples suivants me semblent assez parlants[1] :

- En 2008, la crise des subprimes a fait baisser la bourse américaine de pratiquement 50 % en moins de deux ans. Elle a mis trois ans à revenir à son point de départ.
- En 2000, l'éclatement de la bulle des valeurs technologiques a aussi fait perdre 50 % de sa valeur à la bourse américaine, cette fois-ci en 2,5 ans. Le retour à son point de départ a été atteint en quatre ans. En Europe, la baisse a été aussi significative, mais la bourse s'est reprise en seulement deux ans et demi.
- Les années cinquante ont connu un marché haussier d'une dizaine d'années avec une multiplication de la bourse par plus de cinq aux États-Unis et quatre en France.
- Entre février 2009 et février 2021, la bourse américaine a été multipliée par 6. Et depuis 10 ans (à janvier 2021) la bourse américaine a progressé au rythme de 14 % par an (brut d'inflation, mais l'inflation a été très faible sur cette période) !

Au final, nous avons connu quelques crises récentes assez rapprochées qui ne sont pas représentatives de ce qui s'est passé sur une plus longue période.

D'ailleurs, aux États-Unis, depuis 1871, il n'y a eu que trois années pour lesquelles la bourse a baissé de plus de 30 % : 1931, 1937 et 2008 ! Même l'année du grand krach de 1987[1], la bourse a progressé de 5 % !

Comme vous pouvez le voir dans le graphique ci-dessous, depuis fin 1969, les bourses mondiales ont augmenté plus de deux années sur trois (71 % pour être précis). Par ailleurs, les baisses sévères sont finalement relativement rares : deux fois en 51 ans !

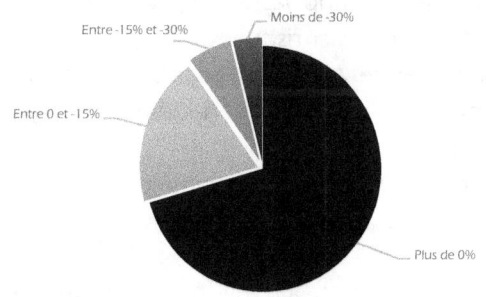

Répartition entre les hausses et les baisses annuelles des bourses mondiales entre 1970 et 2020

Ces chiffres pourraient inquiéter certains d'entre vous. En effet, perdre 15 % de la valeur de son investissement en Bourse en un an n'est pas très agréable. Cela est arrivé une année sur dix.

Vous noterez que j'ai utilisé les données des bourses mondiales et non des données de la bourse françaises. C'est nettement plus adapté pour vos investissements. Nous y reviendrons.

---

[1] La bourse américaine a perdu plus de 20% en une journée lors du « Black Monday », le 29 octobre 1987.

Au-delà de ces variations annuelles, ce qui est important, c'est l'horizon de temps. Le long terme est capital en bourse. Et si l'on est prêt à s'engager avec un prêt sur 25 ans pour un appartement, il ne devrait pas y avoir de raison de ne pas avoir le même type de raisonnement avec les actions.

Cette vision du risque, qui paraît pourtant simple est en fait pratiquement iconoclaste. On peut considérer que les actions ne sont pas si risquées dès que l'on se place à moyen-long terme. Ainsi, il est possible de démontrer que les actions peuvent être considérées comme moins risquées que les obligations (les prêts aux États et entreprises, nous le verrons dans le chapitre suivant), contrairement à la croyance commune !

C'est en particulier, Jeremy Siegel, célèbre professeur de finance à Wharton qui défend ce point de vue[1].

Si l'on regarde sur une année, la variabilité du cours des actions est très élevée, car elles peuvent faire -6 % comme +30 %[2]. C'est beaucoup plus élevé que pour les obligations dont la performance varie en général entre +2 % et +10 %[3]. Pour les matheux, les actions ont un écart type aux alentours de 18 % et les obligations aux alentours de 9 %. En bref, et pour ceux qui ont tout suivi, la volatilité annuelle des obligations est plus faible que celle des actions.

---

[1] Jeremy Siegel, Stocks for the long run, 5th edition.
[2] 2/3 des retours annuels sont entre -6% et 30% (États-Unis depuis 1972).
[3] 2/3 des retours annuels sont entre +2% et 10% (États-Unis depuis 1972).

Malgré tout, il ne faut pas ignorer les possibilités de perte des obligations sur le court terme. Pourtant, elles sont souvent jugées comme sans risque ou avec peu de risque. Par exemple, elles ont perdu la totalité de leur pouvoir d'achat en Allemagne dans les années vingt, 84 % en France au lendemain de Deuxième Guerre Mondiale ou 50 % au Royaume-Uni entre 1972 et 1974[1].

Mais changeons de prisme et regardons à 30 ans. La variabilité de la performance est alors très faible pour les actions, et surtout plus faible que celle des obligations. L'écart type est alors de 1,7 % pour les actions et de 2,2 % pour les obligations, soit près de 30 % de plus. Toujours pour ceux qui ont tout suivi, la volatilité de la performance à 30 ans des obligations est plus élevée que celle des actions.

Si vous n'avez pas tout compris, ce n'est pas grave ! Cela veut simplement dire que plus vous investissez longtemps en actions plus vous avez de chance de tendre vers leur performance à long terme, soit 7 % à 8 % brut d'inflation (si l'on continue sur la tendance historique). Les obligations tendent un peu moins bien vers leur moyenne de long terme. On est donc moins sûr de faire cette performance (historiquement dans les 4 % brut d'inflation). Sous cet angle, les actions seraient moins risquées que les obligations.

Pour compléter cette réflexion, le graphique suivant montre la probabilité de perte lorsque l'on investit sur

------

[1] Credit Suisse Global Investment Returns Yearbook 2017

différents horizons de temps, de un an à 20 ans[1]. Le calcul est fondé sur les actions américaines, présentant des données historiques suffisamment longues (de 1871 à 2020) et fiables pour pouvoir faire ce type de calcul. Ces calculs sont nets d'inflation, c'est-à-dire en pouvoir d'achat constant.

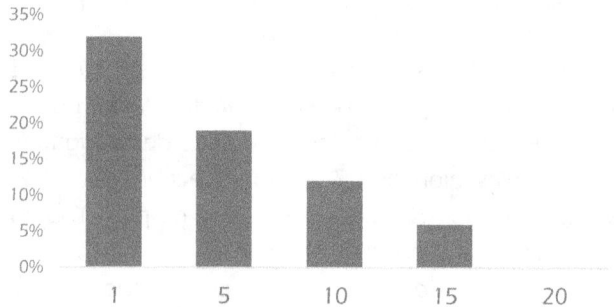

Probabilité de perdre de l'argent en le plaçant sur des actions américaines, en fonction de la durée de placement (années)

Par exemple, si l'on place son épargne sur un an, la probabilité de perte est de 32 %. À 15 ans, elle n'est plus que de 6 %, et à 20 ans ... 0%. Le temps joue en votre faveur...

Comme pour tous les chiffres, il faut les prendre avec du recul :

- il est évident que le futur n'est pas une simple répétition du passé. Cela étant, lorsque l'on traite de données aussi longues cela donne une bonne indication.

---

[1] Calcul de l'auteur sur la base des données de R. Schiller.

- La performance boursière des États-Unis a été excellente et meilleure que d'autres pays tels que la France (qui a eu trois guerres sur son territoire métropolitain sur cette période).

Cependant, les chiffres que je présente n'ont pas vocation à prouver les bonnes pratiques d'investissement que je partage. Ce sont des illustrations, de concepts qui ont été largement étudiés par de grands scientifiques.

Aussi, l'objectif de ce chapitre n'est pas de prétendre que l'investissement en actions n'est absolument pas risqué. Ce n'est pas vrai. D'une part, certes, la volatilité des écarts de performance sur le long terme est faible. Mais si c'est vrai en pourcentage, c'est moins vrai en valeur absolue. Cela est notamment dû à l'effet des intérêts composés[1]. D'autre part, il peut y avoir de très sévères baisses. Ces krachs ont souvent lieu pendant les crises économiques, justement au moment où les gens ont besoin d'argent. L'épargnant qui investit en actions est « rémunéré » pour prendre un risque qui a d'assez fortes chances d'arriver au plus mauvais moment.

L'objectif de ce chapitre est de tenter de montrer que les actions sont un investissement moins risqué qu'on ne le pense dès lors que l'on se place dans un contexte international, sur le long terme et qu'on ne cède pas à la panique lors des krachs.

---

[1] Les plus audacieux pourront lire l'article d'Eugene Fama & Kenneth French à ce sujet « Long-Horizon Returns » de mai 2017.

« En regardant les chiffres depuis 1890 [aux États-Unis], on voit que le prix de l'immobilier ne suit pas une réelle tendance haussière. L'évolution a été en moyenne de 0,3 % par an, net d'inflation. »

Robert Schiller

Prix Nobel d'Économie 2013

SUR QUOI INVESTIR ?

L'objectif de ce chapitre vise à vous donner un aperçu de ce que l'on appelle les classes d'actif, c'est-à-dire les éléments sur lesquels on peut investir. J'évoquerai en particulier les actions, les obligations et l'immobilier.

L'idée est de les décrire rapidement, mais surtout de donner les performances et les risques associés.

En premier lieu, puisque nous en avons déjà longuement parlé, **les actions**. Lorsque vous possédez des actions, vous êtes propriétaire d'un morceau d'entreprise et avez le droit de toucher une partie des bénéfices que l'entreprise fait. Cela se matérialise par exemple par les dividendes. Depuis 1900, les actions mondiales ont eu une performance de 5,2 % (net d'inflation) par an[1].

Les **obligations** correspondent à un prêt soit à un État soit à une entreprise. En échange de ce prêt, elle vous rémunère au travers d'intérêts. Parfois, l'on pense qu'il y a peu de risques dans les obligations, car l'État ou l'entreprise s'engage à payer de façon très régulière, pour une durée définie, une certaine somme d'argent, puis à rembourser le capital initial prêté.

Cependant, le risque n'est pas complètement nul. Il est même double : le risque de défaut (non-remboursement des échéances de l'emprunt voire faillite) et le risque de la

---

[1] Credit Suisse Global Investment Returns Yearbook 2020 : performance des actions, des obligations et du cash, pour 23 pays depuis 1900.

hausse de l'inflation. Concernant le deuxième point, si une entreprise vous donne aujourd'hui un rendement de 5 % alors que l'inflation est proche de 0 %, ce sera probablement une bonne affaire. Mais si l'inflation monte à 5 %, vous encourez un risque de défaut sans avoir de hausse de pouvoir d'achat.

Les 30 dernières années ont été exceptionnelles pour les obligations. Un des facteurs de la performance d'un investissement en obligations a été la baisse de l'inflation et surtout des taux d'emprunt. Cela a mécaniquement augmenté le prix des obligations. Par exemple, si vous prêtez à un État à 10 % par an sur 10 ans, et que l'année d'après l'État emprunte à 8 %, votre prêt (obligation gouvernementale) aura une valeur supérieure à votre prix d'achat. En effet, des gens seront prêts à racheter votre prêt pour avoir un rendement de 10 % par an plutôt que d'avoir 8 % par an.

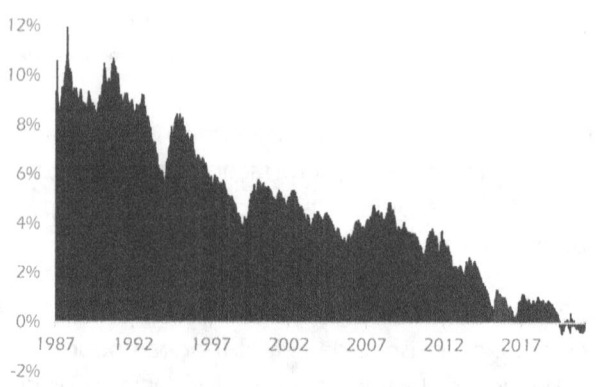

Évolution du taux d'emprunt à 10 ans de la France

Sur le graphique ci-dessus, on peut voir que la France empruntait à 10 ans à plus de 10 % par an à la fin des années quatre-vingt[1]. Désormais, elle emprunte à moins de 0 % par an ! Le prix des obligations que vous détenez a évolué exactement dans le sens inverse. Le cas de la France n'est pas unique. Un tiers de la dette des pays développés a un rendement négatif et 90 % inférieur à 1 %[2] !

Plaçons-nous à plus long terme, afin de nous extraire de cette période exceptionnelle. Depuis 1900, les obligations ont, dans le monde, eu une performance de 2 % par an (net d'inflation), soit nettement moins que les actions.

Nous le verrons plus tard, mais les célèbres fonds en euros des assurances vie sont majoritairement investis en obligations. Ainsi, ces dernières années, ils ont eu une performance à faire pâlir les actionnaires au regard du risque encouru. Cependant, les fonds en euros voient leur performance progressivement baisser.

Le **cash** correspond à vos liquidités, c'est-à-dire votre compte courant, votre Livret A ou les « supers livrets » des banques en ligne[3]. Le cash, par essence, ne rapporte pas grand-chose, et a fortiori en prenant en compte l'inflation. C'est normal : pas de risque, pas de performance.

D'ailleurs, même en excluant les guerres est-ce réellement un placement sans risque ? Pas si sûr. Regardez le graphique ci-dessous, le Livret A n'a pas

---

[1] Banque de France : OAT (Obligations Assimilables du Trésor) 10 ans.
[2] JP Morgan Guide to Markets T1 2021
[3] Ne pas oublier la forte fiscalité liée à ce type de placement.

toujours été au-dessus de l'inflation. Depuis 1900, une fois sur deux (si l'on compte tous les mois), vous avez perdu du pouvoir d'achat en laissant votre argent dormir sur un Livret A (ou autre livret du même type).

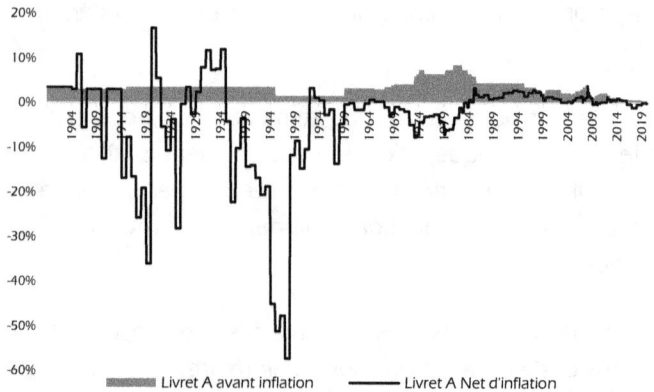

Évolution du taux du Livret A et de l'inflation[1]

En 2021, le Livret A a un rendement de 0,5 %, inférieur à l'inflation. Pas vraiment le meilleur moyen de faire fructifier votre patrimoine... ! Vous prenez alors un autre type de risque, celui de ne pas avoir grand-chose pour votre retraite !

En laissant votre argent sur un Livret A depuis 1900 vous auriez perdu 3,5 % par an ! Cela correspond à une division par deux sur vingt ans ...

Et vous aviez laissé dormir votre argent sur votre compte courant ? Vous auriez perdu chaque année en pouvoir d'achat le niveau de l'inflation. En France,

---

[1] Insee et Banque de France.

l'inflation depuis 1900 a été de pratiquement 7 % par an !

Faisons une petite pause. Savez-vous qu'une des premières bulles financières documentées est celle de la tulipe en Hollande au XVIIe siècle ? Pour différentes raisons, le prix du bulbe de tulipe explose. Il atteint le prix de deux maisons et 15 fois le salaire annuel d'un artisan. Évidemment, les cours rechutent brutalement par la suite[1].

Les actions ne sont pas les seules à avoir des aléas, c'est le cas de tous les actifs.

Revenons à quelque chose de plus proche de nous, l'**immobilier**. Ahhhh l'immobilier, le grand amour des Français. Je ne vais pas rentrer ici dans un débat « acheter ou louer », mais partager rapidement quelques réflexions avec vous. L'immobilier pour la résidence principale n'est pas qu'un choix économique, c'est aussi un choix de cœur, quelque chose d'irrationnel pour le plaisir « d'être vraiment chez soi ». Mais l'immobilier comme investissement (destiné à la location) devrait l'être. Et il faut pour cela être bien conscient de la performance et des risques liés à l'immobilier

James Friggit[2], économiste au Conseil Général de l'Environnement et du Développement Durable a étudié les prix de l'immobilier en France depuis 1200 à nos jours.

---

[1] « Cette fois, c'est différent : Huit siècles de folie financière », de Carmen M. Reinhart et Kenneth S. Rogoff.
[2] Voir les documents sur : http://www.cgedd.developpement-durable.gouv.fr/le-prix-de-l-immobilier-d-habitation-sur-le-long-r167.html.

Il considère que les prix sont anormalement hauts. Le risque d'une baisse significative est donc non négligeable dans les années à venir. Rappelons que cela est possible. En effet, entre 1990 et 1998, selon les chiffres de J. Friggit, les prix de l'immobilier ont déjà baissé de 50 % à Paris en pouvoir d'achat. L'indice des prix parisiens calculé par les Notaires n'est disponible que depuis 1992, mais ils montrent qu'entre cette date et 1998 les prix ont baissé de 41 %.

Par ailleurs, Robert Schiller, prix Nobel d'Économie en 2013, rappelle dans son livre « Irrational Exuberance », dont la troisième édition est sortie récemment, que la hausse de l'immobilier est une vue de l'esprit. En effet, nous raisonnons hors effet d'inflation, hors prise en compte des travaux d'amélioration de son logement, et sur des périodes longues. Par exemple, avoir le prix de sa maison multiplié par deux sur 30 ans, correspond à un peu plus de 2 % par an. Si l'on prend les facteurs évoqués plus hauts, Robert Shiller soutient qu'aux États-Unis la hausse annuelle de l'immobilier (en prix et sans les loyers) est en réalité inférieure à 0,3 % par an !

On retrouve des résultats similaires sur le très long terme selon les calculs de J. Friggit. La hausse de l'immobilier à Paris depuis 800 ans (oui 800 ans !) a été (net d'inflation) de 0,6 % par an et d'à peine plus de 1 % depuis 1840. C'est finalement assez peu pour une ville réputée si attractive !

D'autres études ont même montré que le prix des bureaux à Manhattan n'a pas progressé en prix net d'inflation depuis 1900.

Quant à la possibilité d'emprunter (appelé aussi « effet de levier »), que l'on cite souvent comme un argument en faveur de l'immobilier ; il faut tout de même y faire attention. Emprunter pour un actif qui baisse peut être dévastateur[1].

Naturellement, si l'on ajoute les loyers, la performance devient nettement plus attractive. Toujours selon les calculs de J. Friggit, le logement locatif français a eu une performance de 5 % par an (brut d'inflation) depuis 1940, soit à peu près comme les actions françaises et moins que les actions américaines (plus proche de 7 %)[2].

Dans la suite du livre, je ne m'attarderai plus sur l'immobilier géré en direct, car cela demande un temps de gestion très probablement supérieur à une minute par mois. Et si vous faites appel à un intermédiaire pour gérer vos biens, il est fort probable que cela diminuera de manière assez significative votre rendement.

Nous nous concentrons ici sur ce qui peut être fait en moins d'une minute par mois. Et vous allez voir que c'est tout à fait possible tout en ayant une excellente performance et une sérénité optimisée.

Mais l'immobilier n'est pas que l'immobilier d'habitation. **L'immobilier d'entreprise** (bureaux, centres commerciaux, entrepôts...) est une classe d'actif très intéressante.

---

[1] Les journaux ont très largement parlé de la crise de l'immobilier espagnol il y a quelques années.
[2] Selon ses calculs.

Il existe d'ailleurs des sociétés cotées qui sont spécialisées dans ce domaine. Ce sont les SIIC (Société d'Investissement Immobilier Côté). En France, la plus grosse d'entre elles est Unibail Rodamco Westfield ! Ils possèdent par exemple le centre commercial des Halles à Paris. Pour investir dans l'immobilier sans y passer du temps, il suffit donc finalement d'acheter des actions de SIIC ! La performance est à peu près identique à celle des actions non immobilières, mais leur intérêt est surtout leurs dividendes assez réguliers (même parfois mensuels au Canada) et une certaine décorrélation avec le reste des actions. C'est-à-dire que ces actions, attachées à un actif physique, peuvent moins baisser durant certains krachs boursiers que le reste des actions. Ce n'est pas systématique, mais cela peut arriver.

Les SCPI (Société Civile de Placement Immobilier), dont on parle souvent dans la presse financière grand public sont en quelque sorte des SIIC non cotées. Elles présentent des avantages. On peut, par exemple, les acheter à crédit. Aussi, elles sont nettement plus décorrélées du marché actions et ont donc un effet diversificateur plus fort. Mais elles ont l'inconvénient d'avoir des frais assez élevés (souvent 10 % de frais d'entrée par exemple).

Selon l'IEIF (Institut de l'Épargne Immobilière et Foncière), sur 40 ans (1978-2018) les SIIC ont eu une performance de 13 % par an et les SCPI de 9,8 % par an. Ces performances sont à comparer aux 13,7 % des actions, aux 11,9 % du logement parisien et aux 3,1 %

d'inflation sur cette période[1].

Les **métaux précieux** et en particulier l'or sont une classe d'actif *magique*. Les hommes ont été subjugués par l'or depuis la nuit des temps et lui ont toujours conféré une valeur sans rapport avec son utilité ! Sur le long terme, le cours de l'or suit l'inflation[2]. Mais en temps de crise boursière (et non économique), elle est parfois une valeur refuge, car son cours a alors tendance à monter. Ces classes d'actifs ne produisent pas de richesse et la performance de cet investissement n'est finalement fondée que sur la spéculation. Vous n'aurez pas de dividendes de votre or ! Il en va de même pour les **matières premières** : pétrole, soja, etc. Cependant, il n'est pas absurde de posséder un peu d'or, un peu comme une assurance.

Les **fonds**, ou FCP (Fonds Commun de Placement) ou SICAV (Société d'Investissement à Capital Variable) ou OPCVM (Organismes de Placement Collectifs en Valeurs Mobilières) ne sont pas réellement une classe d'actif, mais plutôt des « véhicules » regroupant des actifs (obligations ou actions) et revendus en parts. Ainsi en achetant, par exemple, une part d'un Fonds X constitué de 50 actions et 40 obligations, vous aurez en fait un petit peu de toutes ces actions et obligations, vous évitant de tout acheter en direct. En général, le gérant de ce fonds essaye de choisir

---

[1] L'IEIF fournit des statistiques sur la performance des différentes classes d'actifs sur différents horizons de temps : 5, 10, 20, 30 et 40 ans. Les performances indiquées sont calculées selon la méthode du TRI (Taux de Rendement Interne)

[2] Selon l'IEIF l'or a eu une performance inférieure à 2% par an net d'inflation sur les 40 dernières années.

intelligemment des actions ou obligations afin d'avoir une bonne performance. Mais nous en rediscuterons plus tard.

Vous avez probablement entendu parler des **Hedge Funds** et du **Private Equity**. Ils vous font même peut-être rêver, avec leurs performances soi-disant incroyables (on entend parfois des chiffres supérieurs à 20 % par an). Les Hedge Funds recouvrent des réalités très diverses qu'il serait trop long de détailler ici. Le Private Equity correspond aux investissements dans les entreprises non cotées en Bourse. Ces deux classes d'actifs sont majoritairement réservées aux très fortunés, un montant minimal d'investissement étant requis. Par ailleurs, de nombreuses études montrent que leurs performances ne sont pas si incroyables que cela, en particulier au regard du risque et du manque de liquidité[1].

Il est possible d'investir dans de nombreux autres actifs, tels que les forêts, ou même le vin et les montres de collection. Ces investissements doivent, à mon sens, plutôt être considérés comme des investissements *plaisirs*.

Comme nous venons de le voir, les actions ont été l'investissement le plus rentable si on analyse sur de longues périodes.

Nous ne savons pas de quoi l'avenir sera fait. Cependant, investir en actions, c'est investir dans le génie

---

[1] Larry Swedroe « The Incredible Shrinking Alpha: And What Can You Do to Escape Its Clutches » (2015) et « The Quest for Alpha: The Holy Grail of Investing » (2011).

humain qui crée des entreprises, développe des projets, recrute du personnel, etc.

Il est extrêmement difficile de se projeter dans la performance future des classes d'actifs. Cependant, la tendance de très long terme est de cet ordre :

- Actions : entre 4 % et 6 % net d'inflation

- Immobilier : entre 0 % et 4 % net d'inflation et de travaux

- Obligations de qualité : entre 1 % et 2 % net d'inflation

- Or et matière première : entre 0 % et 1 % net d'inflation

Il ne s'agit que d'une estimation « au doigt mouillé ». Les écarts peuvent être significatifs avec la réalité, surtout sur des courtes périodes. Des écarts qui peuvent être à la hausse comme à la baisse.

À titre d'exemple, j'aurais donné des chiffres du même ordre il y a 5 ans. Pourtant, les actions mondiales ont une performance de l'ordre de plus de 10 % par an avec une inflation très faible. Un chiffre assez nettement supérieur à sa tendance de long terme.

Je pense que ces ordres de grandeur pourront malgré tout vous aider à mieux investir.

Assurance Vie

1 760 Mds € d'encours

38 millions de
bénéficiaires

30 k€/contrat

Livret A

320 Mds € d'encours

55 millions de comptes

6 k€/compte

PEA

96 Mds € d'encours

6 millions de comptes

15 k€/compte

216 000 PEA-PME

ÉPARGNE SALARIALE

144 Mds € d'encours

11 millions de comptes

375 000 entreprises

14 k€/compte

LES ENVELOPPES

Que se cache-t-il derrière cette expression philatélique ?

Pour investir, il faut un support, un compte, une « enveloppe d'investissement ». Mais il y en a beaucoup de différents types avec chacune leurs spécificités, leurs avantages et leurs inconvénients, leur fiscalité... Ce chapitre est donc très spécifique à la France. Il faut aussi rappeler que les caractéristiques de ces enveloppes peuvent évoluer, notamment du point de vue fiscal. Ce chapitre récapitule les grands principes de quelques enveloppes qui me semblent les plus intéressantes.

Le Compte Titre Ordinaire (CTO) est le compte que vous ouvrez chez votre banquier ou votre courtier pour effectuer vos ordres en bourse, que ce soit sur des actions, des obligations ou des fonds. La taxation « normale » est de 30 %. C'est ce que l'on appelle aussi la « flat tax ». Elle comprend l'impôt (12,8 %) et les prélèvements sociaux de 17,2 %. Il est aussi possible d'être imposé au barème progressif de l'impôt sur le revenu, ce qui peut être intéressant si vous êtes faiblement imposé. Cette enveloppe peut être intéressante pour ceux qui ont déjà suffisamment utilisé les autres enveloppes fiscales.

Le Plan d'Épargne en Actions (PEA) est un compte titre où les plus-values et dividendes ne sont pas imposés au bout de cinq ans[1]. Ce délai court à partir de la date

---

[1] Les prélèvements sociaux sont en revanche dus.

d'ouverture du compte et non à la date d'achat des actions. Il est plafonné à 150 000 € de dépôt. Votre PEA peut donc avoir un encours bien supérieur si vous faites des plus-values. Et cela devrait être le cas ! Théoriquement, il est réservé aux actions européennes, mais nous verrons qu'il est possible de « corriger » cette situation. Par ailleurs, les frais pour tenue de compte dans les banques en ligne peuvent être très faibles, voire nuls. C'est réellement une enveloppe à privilégier.

Le PEA a un petit frère, **le PEA-PME** réservé aux PME (Petites et Moyennes Entreprises). Il est quant à lui limité à un dépôt de 75 000 €. Cette enveloppe a été créée début 2014 et a encore des lacunes importantes[1]. En effet, il n'est pas aisé d'avoir un investissement diversifié pour des frais attractifs dans cette enveloppe. Vous pouvez en ouvrir un pour initialiser votre durée de détention (comme le PEA, cinq ans d'ancienneté sont nécessaires pour avoir une fiscalité intéressante), c'est ce que l'on appelle « prendre date ». Cependant, à moins d'avoir un PEA plein, il semble peu opportun d'y déposer des sommes d'argent importantes.

On ne peut avoir qu'un seul PEA et PEA-PME par adulte (au sens de fiscalement indépendant).

Un point d'attention avec le PEA ou le PEA-PME : si vous faites des retraits d'argent avant cinq ans vous serez obligé de casser le PEA.

---

[1] En 2021, seulement 358 entreprises sont éligibles, dont 13 sociétés européennes non françaises. Par ailleurs, il n'existe pas d'ETF réellement intéressant.

Sur le blog je tiens un comparatif des meilleurs courtiers pour le PEA et pour le CTO.

www.epargnant30.fr/meilleur-courtier-pea-cto

MEUILLEUR COURTIER BOURSE

L'assurance vie, contrairement à ce que son nom laisse entendre, est aussi un produit d'épargne ! Aussi, contrairement à une idée largement répandue, l'argent accumulé peut être sorti à tout moment. Cependant, la fiscalité est plus clémente après des seuils de durée de détention. Par exemple, au bout de 8 ans, vous ne payez plus que 7,5 % d'impôt[1] (avec un abattement de 4 600 € pour une personne seule et 9 200 € pour un couple marié ou pacsé). Cette durée débute ici aussi à l'ouverture du compte et non à l'apport de capital ou à l'achat des fonds.

---

[1] Les prélèvements sociaux sont en revanche dus.

Il est très intéressant d'ouvrir une, ou plusieurs, assurances vie le plus tôt possible, même en mettant très peu d'argent dessus.

Certaines assurances vie permettent d'investir sur des actions en direct, mais c'est exceptionnel (et en général peu intéressant). La plupart du temps, vous ne pouvez investir que dans des fonds, soit des fonds dits en euros soit ce que l'on appelle les Unités de Compte (UC)[1] (nous le verrons plus bas, ce sont des fonds classiques).

Les fonds en euros sont des fonds garantis contre la baisse. Ils sont composés en majorité d'obligations d'État (donc de la dette de la France ou d'autres pays), d'obligations d'entreprises et un tout petit peu d'actions. Expliquer en détail les principes de fonctionnement et les risques serait bien trop long, mais on peut retenir que c'est un produit très intéressant, car il offre un peu de performances tout en ne pouvant pas baisser. Cependant il est très important de trouver un bon fonds en euros, car les performances et les frais sont très disparates. En effet, les bons fonds en euros ont eu une performance de plus de 2 % en 2020 alors que la moyenne des fonds en euros était de l'ordre de 1 %. C'est particulièrement attrayant comparé aux autres placements sans risque. Par exemple, en 2021 le taux du livret A était de 0,5 %.

Les obligations d'État ne rapportent pratiquement plus rien aujourd'hui. De nombreux États empruntent même à des taux négatifs. Cependant, les fonds en euros ont un

---

[1] J'utilise cette terminologie, car il s'agit de celle des assureurs et il est important de la connaître.

stock de réserves et de plus-values qu'ils redistribuent au fur et à mesure aux épargnants. Cela leur permet d'avoir une rémunération assez bonne (pour le risque pris).

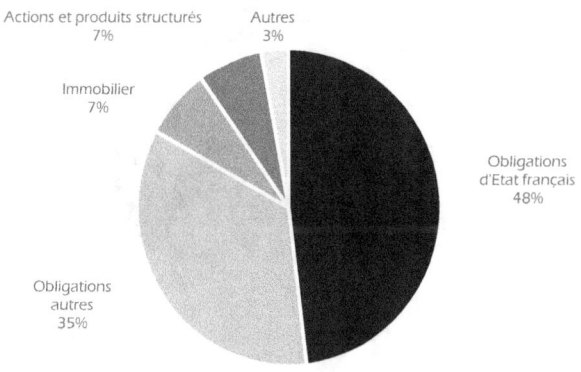

Exemple de composition d'un fonds en euros [1]

De nouveaux types de fonds en euros ont été créés : appelés « dynamiques », ils ont une part plus importante en actions, en obligations d'entreprise et/ou en immobilier d'entreprise. Pour donner un ordre de grandeur, certains de ces fonds en euros ont eu une performance de l'ordre de 2 % en 2020. Ils sont surtout proposés par les assurances vie en ligne. Ce sont, à mon sens, aussi de bons produits, toujours garantis contre la baisse. Cependant, les performances seront peut-être moins stables que les fonds en euros classiques. Cependant, l'accès à ces fonds entraîne souvent des contraintes. Cela peut obliger, par exemple, à investir en

---

[1] Suravenir Rendement (Crédit Mutuel Arkea). Taux 2020 : 1,3%

Unités de Compte. Aussi, en cas de crise importante, il pourrait être moins rapide de récupérer ses avoirs que pour un fonds en euros classique.

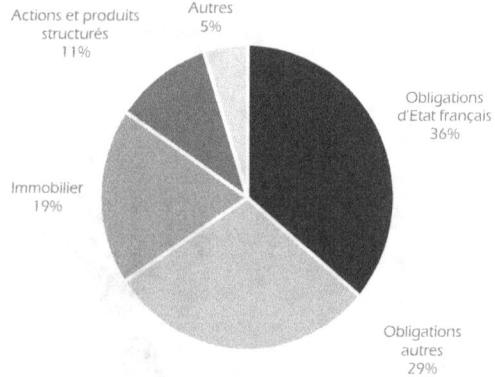

Exemple de composition d'un fonds en euros dynamique [1]

L'autre solution : les Unités de Comptes (UC). Ce sont des fonds tout à fait classiques (actions, obligations, mix d'actions et d'obligations), qui eux peuvent baisser (contrairement aux fonds en euros, mais comme n'importe quel fonds).

Il est difficile pour les assureurs de proposer des fonds en euros qu'ils garantissent de ne pas baisser, avec des taux d'emprunt des États aussi bas. Ils mettent donc de plus en plus de contraintes sur l'investissement en fonds en euros. Il faut souvent mettre un minimum en unités de compte. Certains assureurs peuvent aussi proposer un taux boosté lorsque vous mettez une part importante

---

[1] Suravenir Opportunités (Crédit Mutuel Arkea). Taux 2020 : 2%

d'unités de compte. Grâce à ce boost, on a pu atteindre des taux proches de 3 % (donc 3 fois plus que la moyenne).

Les assurances vie habituelles ont souvent des frais assez élevés pour la partie Unités de Compte : à peu près 1 % par an pour les assurances vie classique, et 0,6 % pour les bonnes assurances vie sur internet (et même 0,5 % pour la meilleure). Il est donc, souvent, plus opportun de loger des fonds actions dans le PEA plutôt que dans son assurance vie.

Cependant, l'assurance vie présente un avantage qui peut être décisif dans certains cas : une fiscalité relativement clémente en cas de succession.

Au final, l'assurance vie est l'une des enveloppes préférées des Français, avec environ 1 800 Mds € d'encours. Cet encours est composé à 80 % de fonds en euros. Cependant, les épargnants dirigent leurs nouveaux apports de plus en plus vers les UC. Les investisseurs, en raison de la baisse régulière de la performance des fonds en euros, vont en effet chercher ailleurs de la performance quitte à prendre plus de risques[1].

Une dernière chose à savoir sur l'assurance vie : une même assurance vie peut être distribuée par différents canaux (différentes banques, différents courtiers, etc.), mais avec une performance et des frais potentiellement différents.

---

[1] FFSA (Fédération Française des Sociétés d'Assurance).

Je tiens un comparatif des meilleures assurances vie sur le blog. Il existe en effet de très bonnes assurances et beaucoup de moyennes : ouvrez en une bonne !

www.epargnant30.fr/meilleures-assurances-vie

L'**épargne salariale** fait référence en majorité à deux produits : le **PEE** (Plan d'Épargne Entreprise) et le **PERCO** (Plan d'Épargne pour la Retraite COllectif) qui a pu être transformé en PER d'entreprise collectif. Votre intéressement et la participation aux bénéfices de votre entreprise vont en général sur ces produits. Vous pouvez vous-même apporter des sommes supplémentaires (dans une certaine limite), vous pouvez avoir le droit à un abondement de votre entreprise... et tout cela avec une fiscalité privilégiée. Il existe bien sûr des conditions de sortie pour s'assurer de la clémence de la fiscalité, mais cela reste tout de même assez souple. Le reproche majeur que je ferais est l'opacité sur les frais, qui sont en réalité assez élevés.

Le PEE est plus souple, car vous pouvez récupérer vos avoirs au bout de cinq ans. Les autres dispositifs sont bloqués jusqu'à la retraite (même s'il y a quelques cas de sortie anticipée). Il est donc préférable de privilégier le PEE si vous en avez la possibilité.

Les frais et la qualité des fonds proposés dans le cadre de ces plans sont souvent bien moins intéressants que ceux des ETF (aussi appelés trackers), dont je vais vous parler. Et même si l'entreprise prend souvent à sa charge une partie significative des frais. Je vous invite à aller voir les rapports de gestion de ces fonds. Ils se comparent généralement avec un indice boursier diversifié. Vous verrez qu'ils ont une performance nettement moins bonne.

Enfin, vous trouverez souvent plusieurs fonds sur votre plan d'épargne salariale. La plupart des gens ont tendance à en choisir plusieurs afin de diversifier. Cela ne sert à rien ! Les différents fonds proposent justement des diversifications différentes : par exemple un fonds 100 % obligations, un fonds 100 % actions, et un fonds 50 % en actions et 50 % en obligations. Il suffit de prendre le fonds 50/50 pour diversifier.

Aussi, parfois vous pouvez avoir un plan vous permettant d'investir à bon prix (ou avec un abondement renforcé) dans les actions de votre employeur. Cela peut être intéressant, mais il faut s'assurer d'une bonne diversification de vos avoirs.

« Un sujet préoccupant, l'information donnée oralement reste toujours insuffisante sur les frais, ce qui est préjudiciable pour les épargnants. »

Autorité des Marchés Financier

Résultat des campagnes des visites mystères de 2019

LES GRANDES ERREURS

Maintenant que j'ai partagé avec vous quelques bases de la finance personnelle en France, place aux grandes erreurs de l'épargnant.

Mais avant de les détailler, partageons les résultats de l'Étude Dalbar[1] ! Elle étudie, aux États-Unis, chaque année depuis 1984, les comportements des investisseurs individuels. En synthèse, sur les 30 dernières années, la performance des investisseurs en fonds actions a été de 4 % par an. En comparaison, la bourse américaine a eu une performance de plus de 10 % par an ! Cela veut dire qu'ayant investi 10 000 $ il y a 10 ans, l'épargnant a aujourd'hui 32 000 $. Cela peut être considéré comme une belle performance... sauf que la bourse a été en réalité multipliée par 17 et non par trois sur cette période ! 10 000 $ aurait donc pu devenir 174 000 $. En plus, notre épargnant a probablement pris plus de risques !

Cette différence, absolument gigantesque, est expliquée par les erreurs des épargnants expliquées ci-dessous.

1re erreur : faire insuffisamment attention aux frais

Les frais se cachent partout et ont un impact très significatif sur la performance de votre épargne. Savez-vous que les fonds actions en France prennent en

---

[1] Dalbar Quantitative Analysis of Investor Behavior 2019.

moyenne 2 %[1] de frais par an sur les sommes que vous avez investies, que vous gagniez ou que vous perdiez (donc pas uniquement sur vos plus-values) ? Sur un actif qui a une performance de 7 % par an, vous ne touchez donc que 5 %. Au bout de 20 ans, vous aurez multiplié votre capital par 2,7 au lieu de 3,7 sans les frais. Plaçons-nous d'un autre point de vue, si vous investissez 100 000 €, en 20 ans vous aurez payé 70 000 € de frais (uniquement de gestion du fonds) !

Les frais sont multiples : les frais de tenue compte, les frais de courtage, les frais de gestion de votre assurance vie... Tout ceci est difficile à identifier. Faites jouer la concurrence ! Et le meilleur service au meilleur prix est clairement dans les banques et courtiers en ligne.

Par exemple, les frais de gestion annuels sur Unités de Compte (les fonds autres que les fonds Euros) des assurances vie en ligne peuvent descendre à 0,5 % ou 0,6 %. À combien est la vôtre ? Probablement vers 1 % si vous êtes dans une banque traditionnelle. Les 0,4 point d'écart font une très nette différence sur le long terme.

N'oublions pas non plus les frais d'entrée, qui peuvent s'élever de 1 à 5 % à chaque fois que vous faites un apport sur votre assurance vie. Même s'ils sont négociables, ils sont encore monnaie courante dans le monde bancaire et assurantiel classique. En revanche, ils sont l'exception dans le monde on-line.

---

[1] Lettre de l'Observatoire de l'Épargne AMF mars 2020 : par exemple, 2,02% pour les actions européennes.

Enfin, je classe la performance des fonds en euros dans cette catégorie aussi. En effet, la performance d'un fonds en euros est souvent une décision de l'assureur et elle n'est pas totalement liée à la performance des investissements. En 2020, le rendement moyen des fonds en euros a été de 1 % alors qu'il est relativement aisé de trouver des fonds avec des performances supérieures à 2 % en ligne.

Encore une fois, n'oubliez pas de raisonner en intérêts composés.

2e erreur : insuffisamment diversifier

Lorsqu'il investit en direct l'investisseur individuel ne choisit souvent que quelques entreprises. Pourtant, pour la plupart des investisseurs, il faudrait dépasser 20 ou 30 entreprises pour ne pas être trop impacté par des événements type Enron ou Volkswagen.

Par ailleurs, il a une tendance très forte à surpondérer son propre pays, c'est-à-dire les entreprises qu'il connaît. À titre d'exemple, le portefeuille d'actions des 520 000 investisseurs actifs sur internet était composé en avril 2015 à 80 % en actions françaises[1].

C'est une énorme erreur ! Cela engendre un portefeuille extrêmement risqué.

---

[1] Investment Trends 2015. Échantillon de 7 150 Français ayant réalisé au moins une opération d'investissement via internet dans les 12 mois précédant l'étude.

Un indice actions français est plus risqué qu'un indice représentant l'ensemble des actions du monde. C'est vrai alors que les monnaies fluctuent et qu'il existe théoriquement un risque de change.

Ci-dessous, vous trouverez la performance et les risques associés de plusieurs investissements diversement diversifiés.

Jan 2011 – jan 2021	Monde	France	États-Unis
Performance annualisée	10,9 %	6,1 %	14,4 %
Volatilité	12,3 %	16,1 %	13,0 %
Perte maximale	34 %	62 %	34 %

Risque et diversification géographique

On observe notamment que :
- L'indice français a bien moins performé que les actions dans le monde et a fortiori aux États-Unis, en tout cas sur cette période-là.
- La volatilité, qui est un indicateur de risque mesurant le fait de faire des hauts et des bas, est bien supérieure si l'on investit uniquement en France plutôt que dans le monde entier.
- La perte maximale, qui est un autre indicateur de risque, a été bien supérieure en France que dans un investissement international.

La diversification apporte une réduction du risque sur le court terme, par exemple en faisant baisser la volatilité. Elle réduit aussi le risque sur le long terme. Les chiffres ci-dessus le montrent sur dix ans. Aussi, depuis 1900 les actions françaises ont eu une performance largement moins élevée que les actions américaines. La bourse française a eu une performance annualisée nette d'inflation de l'ordre de 3 % et un investissement mondial a eu une performance supérieure à 5 %. La différence en intérêts composés est gigantesque. Il était donc très opportun de diversifier.

Enfin, une erreur courante est de concentrer son portefeuille financier sur l'action de son employeur au sein de son PEE (alléché par l'abondement et la possibilité d'acheter à un cours très attractif). En cas de coup dur de l'entreprise, on perd son emploi (on subit en tout cas une baisse de sa rémunération variable) et son patrimoine. À éviter !

3e erreur : rentrer et sortir du marché

Nous expliquerons, dans le chapitre suivant, pourquoi il est pratiquement impossible d'augmenter sa performance en rentrant et sortant du marché. Mais en quelques mots : vous vous battez contre les meilleurs MBA du monde qui essayent de faire la même chose !

Morningstar (un institut de recherche financière indépendant) fait une étude très détaillée sur le sujet. Elle s'intitule « Mind the Gap ». En moyenne, les épargnants n'arrivent pas à faire ce que l'on appelle du « market timing », c'est-à-dire acheter ou vendre au bon moment. Ils sont même à contretemps. Ainsi la performance de l'investisseur est inférieure à la performance du fonds sur lequel il investit ! Par exemple, dans une de leur étude il y a quelques années, ils ont remarqué les fonds avec des actions du secteur de la technologie[1] ont eu une

---

[1] L'écart est particulièrement important pour les fonds volatiles (qui varient beaucoup).

performance de 7,68 % par an sur 10 ans et leurs investisseurs -5,67 %. Oui vous avez bien lu ! Ils ont fait l'erreur, somme toute classique, d'investir quand la Bourse a monté et désinvestir quand cela a baissé. Alors que c'est exactement le contraire qu'il faudrait faire[1] !

4e erreur : mal gérer votre fiscalité

Il est évident qu'il faut gérer au mieux votre fiscalité, car elle ampute très largement la performance. Certains investisseurs investissent sur le Compte Titre Ordinaire (CTO) avant d'avoir rempli au maximum leur PEA, qui a une fiscalité bien plus intéressante que celle du CTO (qui est de 30 %).

Nb d'années de détention	Moins de 5 ans	Plus de 5 ans
Impôt	12,8 %	0 %
Prélèvements sociaux	17,2 %	

Fiscalité du PEA et PEA-PME

Par exemple, une performance annuelle de 8 % sur des actions deviendra, après imposition, 7 % au bout de dix ans sur le PEA. Sur un CTO, la performance sera de 6,1 % si l'on ne fait pas d'aller et retour et de 5,5 % si l'on fait des allers et retours annuels (c'est-à-dire que l'on achète et vend, pour quelque raison que ce soit). En effet, lorsque l'on fait des allers et retours annuels, on paye des impôts chaque année. Lorsque l'on ne fait pas d'aller et retour, on ne paye des impôts qu'à la fin, et pendant ce temps cette

---

[1] Pour les puristes, il y a un effet momentum sur 12 mois, mais un effet « retour à la moyenne » au-delà.

partie qui n'a pas encore payé des impôts produit des intérêts composés. Ainsi 100 k€ deviendraient 196 k€ dans un PEA, 181 k€ dans un CTO passif et 171 k€ dans un CTO actif. La fiscalité non plus n'incite pas à l'activité. Voyez le chapitre suivant « éloge de la passivité ».

La fiscalité de l'assurance vie a aussi été modifiée fin 2017. En dessous de 150 k€ d'apport pour une personne seule (et 300 k€ pour un couple), la fiscalité reste avantageuse. Cependant, l'écart avec le CTO a diminué. L'assurance vie a une imposition au bout de 8 ans de 24,7 % contre 30 % pour le CTO avec un abattement de 4 600 € pour une personne seule (et même moins si l'on est imposé marginalement à moins de 30 % et que l'on choisit d'être imposé au barème progressif de l'impôt sur le revenu).

Nb d'années de détention	Moins de 8 ans	Plus de 8 ans
Impôt	12,8 %	0 % à 7,5 %[1]
	Ou intégré à l'impôt sur le revenu (choix de l'assuré)	
Prélèvements sociaux	17,2 %	

Fiscalité de l'assurance vie
pour des montants inférieurs à 150 000 €[2]

Comme l'assurance vie supporte des frais de gestion annuels de 0,6 % pour les assurances vie les moins chères, le CTO peut prendre l'avantage. Chacun doit faire ses calculs, car il y a de nombreux paramètres. Un CTO géré réellement passivement peut être plus performant qu'une

---

[1] Au bout de 8 ans, il existe un abattement annuel sur la base imposable, de 4 600 € pour un célibataire et 9 200 € pour un couple.
[2] La nouvelle loi de finance a engendré des subtilités que je ne détaille pas ici. N'hésitez pas à vous renseigner sur Internet.

assurance vie. Cerise sur le gâteau, le CTO offre un choix d'ETF largement plus grand.

On pourra tout même choisir d'investir en Unités de Compte dans une assurance vie, dans certains cas, par exemple, si l'on a des enjeux de succession. L'assurance vie peut être intéressante aussi, car c'est plus facile à gérer qu'un CTO, notamment pour faire des investissements réguliers et automatiques.

Au-delà d'un montant de primes versées de 150 000 € pour une personne seule (et 300 000 € pour un couple), la fiscalité de l'assurance vie est identique à celle du CTO, mais les frais sont plus importants sur l'assurance vie.

Le problème de ce résultat est que le CTO a eu une instabilité fiscale nettement plus élevée que celle de l'assurance vie. Or, dans cette stratégie, on s'engage sur le long terme. Ainsi, il sera tout de même utile d'ouvrir une assurance vie avec des frais faibles pour les Unités de Compte, au cas où la fiscalité du CTO redevienne moins favorable.

Mais à l'inverse il ne faut pas tomber dans les cadeaux fiscaux trop beaux pour être vrais. On le paye souvent à moyen ou long terme. Prenons un seul exemple, le PER (Plan d'Épargne Retraite), qui remplace depuis fin 2019 le PERP (Plan d'Épargne Retraite Populaire) et d'autres dispositifs de retraite (par exemple le Madelin pour les indépendants). Il s'agit d'une sorte d'assurance vie bloquée jusqu'à la retraite. Le PER paraît très attractif, car il permet de défiscaliser votre investissement au départ. Cela engendre une économie de 30, 41 voire 45 % (votre

Taux Marginal d'Imposition). Mais au contraire d'une assurance vie classique votre sortie sera (très) fiscalisée. Donc cela est surtout intéressant si vous êtes dans une tranche d'impôt (très) élevée en tant qu'actif et que vous prévoyez d'être moins imposé à la retraite[1]. Je ne vous le souhaite probablement pas... surtout si vous m'avez fait la sympathie de lire ce livre !

Le PER est un bien meilleur dispositif que les anciennes enveloppes fiscales d'épargne retraite (PERP, Madelin, etc.) et les produits sont bien meilleurs. Il peut être intéressant de les transférer.

J'ai d'ailleurs fait un comparatif des meilleurs PER sur le blog : www.epargnant30.fr/per-plan-epargne-retraite/

MEILLEURS PER

---

[1] C'est rarement le cas, notamment parce que les actifs ont souvent des enfants à charge (et donc des parts pour réduire leur impôt) contrairement aux retraités. Enfin, il est possible, voire probable, que votre salaire augmente entre le moment vous souscrivez au PER et votre départ à la retraite.

5ᵉ erreur : vous prendre pour Warren Buffett

Investir dans des actions en direct demande une expertise et finalement très peu de gens l'ont. Généralement, l'investisseur individuel fait des coups : soit il investit dans des entreprises dont il est client et qu'il aime, soit dans des entreprises de qualité à n'importe quel prix ! Toutes ces approches ne fonctionnent pas et n'oublions pas que même les entreprises « bon père de famille » telles que Volkswagen peuvent perdre plus de 50 % de leur valeur en six mois.

Chute de l'action Volkswagen

En 2020, c'est une entreprise du DAX, l'équivalent allemand du CAC 40, Wirecard, qui a pratiquement perdu l'ensemble de sa valeur en quelques semaines (à cause d'une fraude comptable).

Certains me diront : « Mais Warren Buffett ? ». Il a eu une performance exceptionnelle grâce à ses talents d'investisseur, et certainement meilleure que les indices. Il a effectivement eu une performance de 20 % par an depuis 50 ans, alors que le S&P 500 a fait aux alentours de 10 %. Certes, pourquoi pas, mais n'est pas Warren Buffett qui veut ! Combien d'investisseurs individuels font de grosses erreurs pour un seul Warren Buffett ?

6e erreur : investir dans l'exotisme ou le compliqué

Je croise encore des investisseurs qui investissent dans des produits exotiques, qui promettent monts et merveilles, et qui sont extrêmement complexes à comprendre... Et ce malgré les fréquentes mises en garde répétées de l'AMF (Autorité des Marchés Financiers). Quelques exemples : forex, options binaires, terres rares, manuscrits anciens...

Si vous ne comprenez pas, n'investissez pas.

Une autre erreur courante concerne l'utilisation des produits structurés, fonds à formule ou placements garantis. L'argument de vente est de promettre à la fois performance et sécurité.

Pourtant, ces produits, pour la plupart, sont surtout très chargés en frais et ne vous apportent pas la performance attendue.

À titre d'exemple, le journal « Que Choisir » a montré que les produits structurés qu'ils ont étudiés avaient[1] :

- 65 % de chance de produire une performance inférieure à celle d'un fonds en euros.
- 35 % de chance d'avoir une performance supérieure à un fonds en euros, mais extrêmement rarement de plus de 1 %.

Si c'est compliqué, n'investissez pas.

---

[1] Que Choisir, Août 2014 : « Placements à capital garanti, la machine à perdre ».

« Tout gestionnaire de fonds de pension qui n'a pas la grande majorité de ses investissements en fonds passifs est quasiment coupable de malversation ! »

Merton Miller

Prix Nobel d'Économie 1990

ÉLOGE DE LA PASSIVITÉ

Actif ou passif, un drôle de débat... et pourtant il agite la communauté financière.

Cela peut paraître étonnant, mais dans le domaine de l'investissement, contrairement à beaucoup d'autres domaines, il vaut mieux être passif qu'actif !

Être passif signifie ne pas faire de choix : investir dans tout ce que l'on peut de manière automatique, la plus diversifiée possible, en suivant le marché et sans se poser de question.

Être actif, signifie faire des choix : choisir dans quel pays on investit, choisir quelles actions, choisir à quel moment, etc.

Mais qu'est-ce que ce sacro-saint marché et comment fonctionne-t-il ?

Le marché peut être défini ainsi : quelqu'un vend à quelqu'un d'autre quelque chose à un certain prix. C'est tout !

Dans notre cas, ce sont les gestionnaires professionnels qui font le marché. Par exemple, le gestionnaire du fonds « secteur industrie » de Goldman Sachs traite avec le gérant du fonds « secteur automobile » de Rothschild[1]. Il lui vend Renault qui a

---

[1] Il s'agit, bien évidemment, d'un exemple fictif !

mieux résisté que Volkswagen et il pense que Volkswagen va rattraper son retard, donc va faire une meilleure performance que Renault. Rothschild est parfaitement content d'acheter cette entreprise, car il pense que Renault ne va pas être éclaboussé par le scandale ... donc que Renault va plus monter que Volkswagen. Ils parient l'un contre l'autre.

Les marchés financiers sont animés principalement par des gens surdiplômés, surintelligents, surtravailleurs qui se battent entre eux ! Et ils font de leur mieux !

Aucun des deux gestionnaires n'est sûr de son coup, mais chacun a un avis... qu'il vous vend pour, en moyenne, 2 % par an !

Et vous comment pouvez-vous savoir qui va gagner entre Goldman et Rothschild ?

Toutes les études l'ont montré : vous ne pouvez pas identifier à l'avance les gestionnaires gagnants !

C'est bien dommage parce qu'en moyenne, et c'est mathématique, les fonds font la performance du marché moins leurs frais !

L'étude SPIVA[1] étudie régulièrement la performance des fonds par rapport au marché[2]. On y apprend par

---

[1] Enquête bisannuelle SPIVA (Standard & Poors Indices versus Active Scorecard), mi 2020
[2] Le marché est mesuré au travers des indices : le CAC 40 pour les actions françaises, le S&P 500 pour les actions américaines, etc.

exemple, 98 % des fonds domiciliés en Europe et investis dans le monde faisaient moins bien que leur indice de référence sur 10 ans (91 % sur 5 ans, 85 % sur 3 ans, 67 % sur 1 an). Lyxor dans son étude « Active versus Passive » a des résultats un peu différents, mais toujours très en faveur de la gestion passive. Seulement 8 % des fonds européens actifs diversifiés dans les actions du monde entier arrivent à dépasser leur indice ajusté du risque sur dix ans !

Et n'allez pas croire que parce qu'un fonds a bien performé pendant les cinq dernières années, ou que son gestionnaire a fait un excellent MBA, ou qu'il appartient à une maison de gestion très réputée, ou que votre banque privée vous l'a conseillé, ou je ne sais quoi ... qu'il va performer dans les années qui viennent. Il a même été démontré que l'inducteur de performance le plus fort était le fait d'avoir des frais peu élevés !

Par ailleurs, si vous comptez surperformer le marché non pas en achetant des fonds, mais en achetant directement des actions, n'oubliez pas que vous devez être plus malin que tous ces MBA !

Cette théorie de la « passivité » rejoint la théorie des marchés efficients, dont l'un des pères fondateurs est Eugene Fama, prix Nobel d'Économie en 2013. On considère que le prix reflète toute l'information disponible. Il est pratiquement impossible de battre le marché autrement que par chance ou en ayant une information privilégiée (sachant qu'utiliser des informations privilégiées est puni par la loi). Le juste prix d'une action est le prix sur le marché.

Je ne résiste pas à l'envie de vous raconter une « parabole » racontée par certaines personnes qui ne croient pas aux marchés efficients. Ils pensent que le marché peut être très nettement déconnecté de la réalité. Pour parler avec leurs termes, la valeur fondamentale d'une action pourrait être sans rapport avec le prix en bourse. Il y aurait donc des opportunités incroyables.

« Vous vous promenez dans un centre commercial avec un ami. Tout d'un coup vous voyez par terre un billet de 50 €. Fervent défenseur des marchés efficients, vous ne le ramassez pas, car vous pensez qu'une telle aubaine est impossible. Une autre personne a certainement eu l'information avant vous et a déjà dû le prendre. Votre ami n'en a cure et le ramasse. »

Cependant, il s'agit là d'une mauvaise interprétation des marchés efficients. En tant que défenseur des marchés efficients, vous ne pensez pas qu'il est impossible qu'il y ait un billet de 50 € par terre. Cependant, vous pensez que cela n'est pas rentable d'arpenter les centres commerciaux à chercher des billets de 50 € par terre.

Ainsi, il y a peut-être des actions dont le prix sur le marché est déconnecté de la réalité, sans rapport avec leur valeur fondamentale. Cependant, il est vain de dépenser de l'énergie et de l'argent à les chercher. De même, il y a peut-être des fonds qui surperforment, mais il est vain de chercher à les identifier.

Mais alors que faire ? Acheter le marché ? C'est possible ? OUI ! Grâce aux trackers, encore appelés ETF (Exchange Traded Funds).

Les trackers sont des fonds, mais qui achètent, je dirais « bêtement », les mêmes actions que ce qu'il y a dans les indices. Un tracker CAC 40 ne va pas se poser la question de savoir s'il achète la Société Générale ou la BNP Paribas. Il va avoir 4 % de ses actifs sur la BNP Paribas et 1 % sur la Société Générale, c'est-à-dire le poids de ces deux sociétés dans le CAC 40[1].

Encore plus intéressant, il existe des trackers sur la plupart des indices et notamment sur « le monde entier ». Par exemple, certains trackers suivent un indice monde, le « MSCI World »[2] ! Grâce à ce tracker, vous devenez propriétaire de 1 600 entreprises dans le monde[3] d'un coup ! Encore mieux, ils ont des frais inférieurs entre 0,1 % et 0,45 % par an, et non pas de 2 % comme les fonds classiques.

Au final, avec un tracker vous achetez l'intelligence collective de tous les gestionnaires de fonds du monde pour moins de 0,45 % par an alors que pour acheter l'intelligence d'un seul gestionnaire vous devriez payer plus de 2 % par an.

Cerise sur le gâteau, certains trackers investissant en dehors de l'Europe sont construits pour être éligibles au PEA ! On peut diversifier mondialement, et donc avoir un risque diminué tout en ayant une enveloppe fiscale attractive. Une opportunité à ne pas rater !

---

[1] Début 2021.
[2] MSCI est un des plus grands fournisseurs mondiaux d'indice.
[3] 23 pays du monde développé, mais pas de pays émergent.

Bien que votre banquier ne vous en ait probablement pas parlé, les trackers deviennent de plus en plus importants dans l'univers de la gestion financière. C'est une telle révolution que les gestionnaires classiques prennent peur ou s'y mettent !

Aux États-Unis, la part de marché des trackers est passée de moins de 1 % en 2000 à plus de 50 % en 2020[1]. La progression s'est faite à la fois chez les particuliers et chez les professionnels ou institutionnels.

Il n'y a pas plus de risques dans un tracker que dans un fonds classique sur le même marché. D'ailleurs, techniquement ce sont des fonds qui ont la particularité d'être cotés en Bourse. C'est pour cela que leur nom officiel est Exchange Traded Fund ou ETF. Ainsi ces ETF sont cotés comme n'importe quelle action et accessibles depuis n'importe quelle banque.

Aussi, les grands émetteurs de trackers sont souvent des filiales de grandes institutions financières. Pour la France on a notamment Lyxor, filiale de la Société Générale, et Amundi filiale du Crédit Agricole ! Au niveau européen, il existe aussi d'autres grands acteurs tels que DB-X (filiale de la Deutsche Bank) et iShares (filiale du géant américain de la gestion d'actifs, Blackrock).

---

[1] Investment Company Factbook 2020, par l'ICI (Investment Company Institute). L'association américaine des gestionnaires de fonds. Il s'agit des parts de marchés dans la gestion, et non le pourcentage de la capitalisation boursière gérée par des fonds passifs. Il existe beaucoup d'autres investisseurs que les fonds (actifs ou passifs). Par ailleurs, il s'agit ici de la part des fonds indiciels cotés en Bourse ou non.

Avant de clôturer ce chapitre, quelques points importants méritent d'être mentionnés.

Encore une fois, les gérants actifs font de leur mieux pour servir l'intérêt des épargnants. Malheureusement, ils ne peuvent pas se battre contre le marché et il faudrait une compétence absolument hors du commun pour compenser les frais.

En revanche, contrairement à ce que l'on pourrait croire, les fonds actifs ne limitent pas particulièrement la volatilité ou les baisses. Ils cumulent même une moindre performance et un risque plus important[1].

Dernier point, multiplier les fonds actifs afin d'essayer d'en avoir un « bon » n'est pas la solution, bien au contraire[2]. Plus vous ajoutez des fonds actifs plus vous avez de chance de faire moins bien qu'un tracker (un fonds passif peu cher).

Bref, il est peu probable que quelqu'un sache si le marché va monter ou baisser, si telle action va surperformer ou si telle autre va baisser. Par « quelqu'un », j'entends les gestionnaires de fonds ou les *experts* interviewés par la presse écrite ou audiovisuelle. Alors, investissez régulièrement sur un ETF et n'écoutez pas les news financières.

---

[1] « The Active-Passive Debate: Bear Market Performance » (2008) Vanguard. Seuls 40% des fonds actifs performent mieux que leur indice durant les marchés baissiers.
[2] « A Case for Index Fund Portfolios » (2013) Richard Ferri, Alex Benke.

% D'ACTIONS DANS LE PORTEFEUILLE FINANCIER

FONDS
SOUVERAIN
NORVÉGIEN
70 %

FONDS
DE YALE OU
HARVARD
50 % — 60 %

MOYENNE
ASSURANCE VIE
10 %

ET VOUS ?

QUELLE RÉPARTITION ?

Si je parle beaucoup des actions, c'est parce que je trouve qu'elles sont injustement délaissées par les Français. Cependant, un portefeuille financier ne doit pas être investi uniquement en actions, mais être diversifié. C'est indispensable d'une part parce qu'on ne sait jamais à l'avance quelle classe d'actif va bien performer à l'avenir et d'autre part parce qu'il doit être adapté à son profil de risque.

Un portefeuille financier c'est tout simplement une répartition d'actifs : X % en actions, Y % en Immobilier, Z % en fonds euros, etc.

Cette répartition sera différente pour chacun. Vous n'êtes pas dans la même situation si vous prévoyez de partir à la retraite dans deux ans ou 35 ans, si vous avez des revenus stables ou non, si vous êtes propriétaire de votre résidence principale, si vous êtes impulsif ou raisonné, si votre héritage est potentiellement conséquent, etc.

De manière générale, plus on commence à investir jeune, plus on peut mettre une part significative de son patrimoine en actions. De toutes les façons, les pertes potentielles seront compensées par les apports du revenu du travail qui devraient croître au cours de la carrière de l'intéressé. Et profiter de la performance des actions est un réel atout.

Une pratique pas réellement mise en œuvre par les épargnants français.

La part d'actions dans l'épargne des Français, et en particulier des jeunes, est largement inférieure à ce qu'elle devrait être.

Cependant, je ne recommande pas de dépasser certaines limites[1]. En effet, si la technique présentée dans ce livre n'est pas complexe, elle est peut-être difficile à maintenir sur le plan psychologique (nous en parlerons plus tard). Il est important donc de monter en compétence progressivement.

La répartition ente les actions et les obligations est un sujet très important. La réussite de votre plan en dépend largement. J'en parle en détail dans la formation Epargnant 3.0, mais donnons ici quelques principes.

Certains auteurs américains recommandent d'investir (100 – Âge) % en actions, soit par exemple 60 % à l'âge de 40 ans. Je pense que cela représente beaucoup par rapport à notre culture française et que cela dépend aussi de l'horizon de temps de son investissement. Aux États-Unis il est très long, car centré sur la retraite. Dans l'environnement français, il est beaucoup plus divers avec en particulier le financement de la résidence principale.

De plus cette formule simple est un point de départ à la réflexion, mais ne peut être son aboutissement, car elle a un gros défaut, elle ne prend pas en compte VOTRE

---

[1] Bien qu'une étude de chercheurs de l'université de Yale (B. Nalebuff et I. Ayres : Life Cycle Investing and leverage : Buying Stocks on margin can reduce retirement risks - 2008) a montré qu'il était mathématiquement intéressant d'avoir 200% en actions vers 25 ans (c'est-à-dire d'emprunter pour acheter des actions).

tolérance au risque. Pour cela, on peut partir du principe que les actions peuvent baisser rapidement de 50 %. C'est rare et elles remonteront probablement assez rapidement par la suite. Cependant, réfléchir au scénario du pire me semble une approche intéressante. Donc, si vous avez 50 % d'actions vous devez pouvoir dormir tranquille avec une baisse de votre épargne de 25 % ! Quelle part de votre patrimoine êtes-vous prêt à perdre sur le court terme ? Multipliez ce chiffre par deux et vous avez votre pourcentage d'actions.

Par ailleurs, pour nous aider dans la réflexion, il peut être intéressant de s'inspirer d'institutions avec une réelle vision patrimoniale et de long terme.

Le fonds souverain norvégien, le plus grand fonds souverain dans le monde, gère les excédents pétroliers du pays. Il doit surtout aider à gérer l'après-pétrole. 70 % de son portefeuille est en actions.

Les grandes universités américaines ont ce que l'on appelle des *endowments*, qui gèrent les dons qui leur sont réalisés. Par exemple, l'université de Harvard gère un fonds de 40 milliards de $. Ces fonds sont gérés avec une allocation en actions supérieure à 40 %, si on inclut les entreprises non cotées en Bourse. Et seulement 7 % en immobilier. Yale a seulement 7,5 % d'obligations et 10 % d'immobilier. Il n'est pas possible de répliquer directement ces stratégies, car elles s'appuient sur l'investissement dans des sociétés non cotées en Bourse et des hedge funds. Dans ses rapports financiers, Harvard se compare à une stratégie 60 % actions/40 % obligations.

Aux États-Unis, vous pouvez acheter des fonds avec une allocation d'actifs adaptée à votre âge (ou à votre date de départ prévisible à la retraite, si on le regarde dans l'autre sens) ! Vanguard, un gestionnaire d'actifs particulièrement célèbre pour ses trackers et sa réflexion sur l'allocation de portefeuille propose de tels fonds. L'allocation proposée est de 90 % en actions lorsque l'on a 30 ans, 75 % à 50 ans et 50 % au moment du départ à la retraite.

Plus proches de nous, les gestionnaires de PERCO ou de PER proposent dans leur épargne pilotée une allocation d'actifs en fonction de la date prévue de départ à la retraite. L'allocation peut être très différente d'un gestionnaire à l'autre.

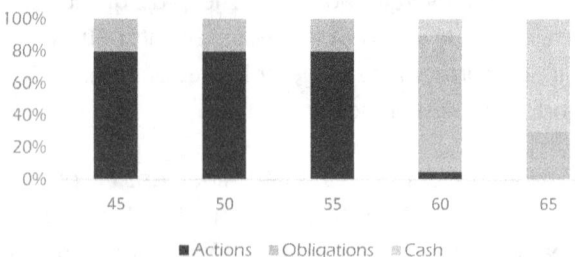

Exemple d'une allocation d'actif en fonction de l'âge[1]

Pour la partie obligataire, vous pouvez prendre des fonds en euros. Ils sont garantis contre la baisse (contrairement aux fonds obligations classiques), ont une fiscalité avantageuse, ainsi que des frais contenus, surtout pour ceux distribués par Internet.

---

[1] PERCO Amundi. Gestion pilotée. Grille équilibrée, préservation du capital 97,5%. Âge de départ à la retraite : 65 ans.

Cependant, leur performance a baissé depuis quelques années. La raison est relativement simple : il était possible de prêter aux États il y a encore quelques années à plus de 5 % par an et même plus de 10 % encore un petit peu avant. Ce chiffre est désormais inférieur à 1 %.

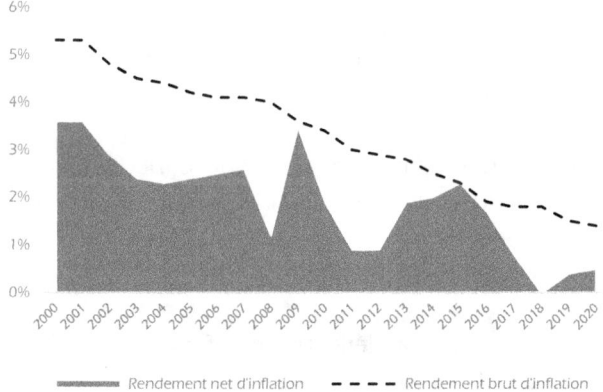

Évolution du rendement des fonds en euros

Les bons fonds en euros, souvent accessibles en ligne, ont une meilleure performance que la moyenne représentée dans ce graphique. Ces fonds en euros performants (on peut arriver entre 2 % et 3 % en 2020) sont en tout cas plus performants qu'il Livret A (qui a des performances négatives nettes d'inflation depuis quelques années).

La performance devrait continuer à baisser, mais peut-être pas dans une trop grande mesure. En effet, les compagnies d'assurances ont accumulé des plus-values latentes et des réserves sur ces fonds qu'elles n'ont pas encore distribuées.

Les fonds en euros ont des inconvénients. Ils sont notamment nettement moins transparents que les ETF. De plus, en cas de crise systémique grave les fonds pourraient être bloqués un certain temps ... le temps que les assureurs gèrent la situation. Cependant les ETF en obligations peuvent voir leur valeur baisser (mais ils peuvent aussi plus progresser que les fonds en euros). Il faut aussi bien comprendre les obligations, un sujet qui peut être complexe.

On peut se simplifier la vie en choisissant des fonds en euros. Cependant, les ETF obligataires pourront intéresser certaines personnes. Il existe même désormais un ETF obligataire éligible au PEA.

Vous pouvez compléter par des fonds en euros dits dynamiques (avec un peu plus d'actions que les fonds Euros classiques) ou immobiliers, dont nous avons parlé précédemment. Depuis quelques années ils performent entre 0,3 et un point de mieux que les fonds en euros classiques. Mais il est difficile de prévoir si cela va durer. Vous pouvez aussi profiter du boost des fonds en euros classiques que proposent certains contrats d'assurance vie lorsque vous investissez en unités de compte aussi (par exemple en ETF).

Enfin, ayez une poche Cash type Livret A pour faire face aux imprévus. Mais ne voyez pas trop large. Dans les bonnes assurances vie en ligne, vous pouvez récupérer votre argent sous quelques jours. Une bonne assurance vie aura assez facilement une performance meilleure que le Livret A (même si elle est récente, c'est-à-dire avec une fiscalité non optimisée).

Autre point d'importance, une fois que vous avez créé votre portefeuille avec XX % d'actions et YY % de fonds en euros, il faudra s'assurer que dans la durée cette répartition reste à peu près stable afin de garder le même « risque de portefeuille »[1].

Imaginons que vous commenciez avec 25 % d'actions et 75 % de fonds Euros. Pendant 10 ans les actions performent plutôt bien, à 12 % par an, et de son côté le fonds Euros continue à faire 3 % par an. Au bout de ces 10 ans, si vous ne faites rien, vous aurez 45 % d'actions et non plus 25 %. Ainsi, votre portefeuille sera plus « risqué » (au sens volatile).

La solution est de mettre vos nouveaux apports sur les actifs qui ont le moins monté et de régulièrement vendre les actifs qui ont le plus monté pour racheter les actifs qui ont le moins augmenté. C'est ce que l'on appelle le rééquilibrage (« rebalancing » en anglais).

Ce rééquilibrage n'est pas absolument indispensable sur un rythme inférieur à 1 an, nous le verrons dans le chapitre suivant.

---

[1] Votre allocation cible peut cependant évoluer pour de nombreuses raisons : événement imprévu, approche de la retraite, etc.

PERFORMANCE NÉCESSAIRE POUR DOUBLER SON CAPITAL EN FONCTION DE LA DURÉE DE DÉTENTION

NB ANNÉES	3	5	10	15	20	25	30
PERFORMANCE ANNUELLE NÉCESSAIRE	26 %	15 %	7 %	5 %	4 %	3 %	2 %

TABLE D'INTÉRÊTS COMPOSÉS

100 € deviennent....

		NOMBRE D'ANNÉES DE DÉTENTION						
		3	5	10	15	20	25	30
PERFORMANCE ANNUELLE	0,25 %	101 €	101 €	103 €	104 €	105 €	106 €	108 €	X1, 1
	0,50 %	102 €	103 €	105 €	108 €	110 €	113 €	116 €	X1, 2
	1 %	103 €	105 €	110 €	116 €	122 €	128 €	135 €	X1, 3
	2 %	106 €	110 €	122 €	135 €	149 €	164 €	181 €	X1, 8
	5 %	116 €	128 €	163 €	208 €	265 €	339 €	432 €	X4, 3
	7,50 %	124 €	144 €	206 €	296 €	425 €	610 €	875 €	X8, 8
	10 %	133 €	161 €	259 €	418 €	673 €	1 083 €	1 745 €	X17, 4

VOTRE PLAN D'ACTION

Vous êtes convaincu ? Alors c'est parti !

1 : faites un petit bilan !

N'hésitez pas à faire un bilan de vos actifs financiers, en regardant la performance nette de frais et les frais... il est plus que probable que cela renforcera votre motivation.

Recherchez vos contrats et vos reportings de performance. Il est possible que ce ne soit pas si facile à trouver, car il y a des frais partout : frais de garde, frais de gestion, frais des fonds, etc.

Par exemple, les frais des fonds (de l'ordre de 2 %, je le rappelle) sont assez peu mis en avant. La raison invoquée est que la performance est nette de frais. C'est vrai, car vous ne faites pas un virement mensuel au gestionnaire de votre fonds[1]. Mais vous devriez tout de même vous y intéresser, car vous les payez tout de même !

2 : ouvrez un PEA et une assurance vie en ligne

Oui, les Français ne sont pas attirés par le bancaire on-line. Les banques et assurances vie en ligne représentent encore une très faible part de marché. Pourtant, ces services digitaux ont une sérieuse longueur d'avance tant en termes de prix que de qualité de service.

---

[1] Pour connaître le frais de vos fonds, il faut aller voir le document officiel appelé DICI (Document d'Information Clé pour l'Investisseur).

Vous pouvez choisir une banque généraliste. Mais vous trouverez des services encore moins chers chez des spécialistes soit des actions, soit de l'assurance vie.

Ouvrez, ou transférez, un PEA pour la partie actions et une assurance vie pour la partie obligations/fonds en euros.

Faites-le au plus tôt. Vous serez défiscalisé au bout de cinq ans à partir de la date d'ouverture (et non à partir du moment où vous allez y déposer de l'argent). Vous ne pouvez avoir qu'un seul PEA (deux avec votre conjoint), mais vous pourrez le déplacer entre établissements si les tarifs augmentent ou les services ne vous satisfont plus.

Les banques en lignes telles que Boursorama, Fortuneo ou ING Direct proposent des prix bien plus attractifs que les banques classiques. Les courtiers en ligne spécialisés tels que Bourse Direct sont encore moins chers. L'inconvénient est que cela ne permet pas de regrouper au même endroit l'ensemble de ses services bancaires.

En revanche, vous ne pouvez pas transférer une assurance vie... mais vous pouvez en ouvrir plusieurs. Parfois, les assurances vie deviennent moins bonnes avec le temps, on peut donc réduire le risque en en ouvrant plusieurs. Mais il faut être honnête, ouvrir une assurance vie implique tout de même un peu d'administratif et n'est pas si aisé que cela. Prenez votre temps.

Les banques en ligne citées plus haut proposent des assurances vie tout à fait correctes, mais encore une fois moins bonnes que les courtiers en assurance vie spécialisés. On peut trouver d'excellentes offres chez Linxea, placement-direct.fr ou assurancevie.com. J'ai donné mes avis détaillé et fait de nombreux comparatifs sur le blog www.epargnant30.fr

3 : définissez votre plan d'investissement

En fonction de votre projet d'épargne, déterminez votre portefeuille cible (donc votre profil de risque), ainsi que votre apport initial et vos dépôts réguliers :

- XX % en fonds en euros, investis au travers de l'Assurance Vie.
- YY % en actions, investis sur des trackers au travers du PEA (ou dans l'assurance vie, nous le verrons juste après).

Mon conseil est d'y aller progressivement et de mettre la même somme d'argent tous les mois quoiqu'il arrive. Votre risque sera encore moins important que celui décrit dans le deuxième chapitre. En effet, votre performance sera la moyenne de périodes longues et vous tendrez encore plus vers la performance à long terme des actions.

4 : achetez

Sur votre PEA passez votre ordre sur un tracker qui suit un indice (un pool d'actions donc) le plus large possible, c'est-à-dire le plus diversifié possible. Les trackers suivant l'indice MSCI World[1], donc le monde entier, sont une très bonne option.

---

[1] Ces trackers répliquent un indice large Monde : 1 600 entreprises dans 23 pays développés. Composé à 55% en entreprises américaines et à 25% d'entreprises européennes (3% d'entreprises françaises).

De nombreux gestionnaires d'actifs proposent des ETF Monde. Ils sont tous bons, ou en tout cas la différence entre deux ETF est bien moins importante qu'entre un ETF et un fonds classique. Sélectionner un ETF de manière précise requiert une expertise significative. Pour débuter, on peut se simplifier la vie en s'assurant que l'encours sous gestion est suffisamment important, car un encours faible signifie que le gestionnaire peut potentiellement le fermer. Ce n'est pas très grave, mais pas non plus très pratique. Je placerais la limite arbitrairement à 50 millions d'euros. Il faudra aussi s'assurer que les frais restent contenus. Ils ne devraient pas dépasser 0,5 % par an.

Sur un PEA ou un CTO les ETF s'achètent et se vendent comme des actions et sont disponibles dans toutes les banques et les courtiers. Vous pouvez trouver ces ETF grâce à leur nom et à leur code, que l'on appelle le code ISIN. Si vous n'avez jamais acheté ou vendu d'actions, il faudra donc apprendre à passer un ordre de Bourse. Ce n'est pas impossible, loin de là, mais il faut s'y mettre.

Vous pouvez aussi acheter des ETF dans les bonnes assurances vie. Ce sera certainement moins performant que dans le cadre dans un PEA, car il y a des frais de gestion. Cependant, c'est probablement plus facile que de passer un ordre de Bourse.

Voici quelques exemples d'ETF Monde (tous disponibles sur CTO) :

- Amundi MSCI World (ISIN :   LU1681043599) disponible sur le PEA. Encours de 1 300 M€ début 2021 et frais de 0,38 % par an. C'est une bonne option sur le PEA.

- Lyxor MSCI World PEA (ISIN : FR0011869353) disponible dans le PEA. Encours de 65 M€ et frais de 0,45 % par an. Il a des frais supérieurs à l'ETF d'Amundi, mais la valeur de sa part est largement inférieure, ce qui peut faciliter la gestion.
- Lyxor MSCI World (ISIN : FR0010315770) disponible en assurance vie. Il a un encours de 4,4 Mds € et des frais de 0,3 % par an. Il réplique un petit peu mieux l'indice que l'ETF d'Amundi. Par exemple, il a eu une performance début 2021 de 10,8 % sur 5 ans alors que l'ETF d'Amundi a eu une performance de 10,66 %. C'est une excellente option.

Sur votre assurance vie, investissez dans les fonds en euros.

5 : maintenez

Continuez à faire des apports réguliers, avec la même répartition que votre apport initial, c'est-à-dire en fonction de votre allocation cible.

Assurez-vous de garder une répartition de votre épargne entre actions et fonds en euros proche de votre allocation cible. Comme expliqué dans le chapitre précédent, en cas de forte hausse ou baisse des actions, cette répartition pourrait évoluer.

Avec le portefeuille proposé ici, uniquement composé d'un tracker actions et d'un fonds en euros, il n'est pas nécessaire de rééquilibrer à une fréquence inférieure à un an. Gardez seulement un œil sur votre répartition et adaptez vos apports.

Si la Bourse a beaucoup monté, vous aurez un pourcentage d'actions trop élevé, dirigez donc vos apports en priorité vers votre fonds en euros. Si la bourse a nettement baissé, votre portefeuille sera déséquilibré en faveur du fonds en euros. Dans ce cas, alimentez davantage votre PEA.

Cela peut paraître contre-intuitif, mais il faut bien alimenter en priorité ce qui a le plus baissé ou en tout cas le moins augmenté.

Cela doit vous prendre moins d'une minute par mois !

En effet, pour rappel cette méthode est extrêmement simple : un ETF Monde si possible sur son PEA et un bon fonds en euros ! C'est tout !

Cette méthode présente cependant un inconvénient. Il n'est pas possible de vendre des trackers du PEA qui auraient trop monté pour acheter des fonds en euros. En effet, si vous sortez de l'argent d'un PEA de moins de huit ans vous serez obligé de le liquider et après huit ans vous ne pourrez plus faire d'autres apports. Il faut donc équilibrer son portefeuille en dirigeant ses nouveaux apports sur la bonne enveloppe.

Un épargnant qui n'aurait plus d'apports aurait intérêt, malgré les frais de gestion plus élevés, à mettre au moins en partie ses trackers actions sur son assurance vie. Ainsi, il pourra faire le rééquilibrage nécessaire. Choisir de tout mettre en assurance vie facilite aussi la gestion. Même s'il y a plus de frais, c'est souvent une bonne chose de se simplifier la vie.

Vous pouvez aussi déléguer la gestion ...

De nouveaux services ont vu le jour en France : les robo advisors. On peut citer Yomoni, Wesave ou Nalo. Ils facilitent la vie de l'épargnant, car ils vous aident à définir votre profil de risque, construisent un portefeuille d'ETF adapté et procèdent au rééquilibrage. Vous n'avez plus rien à faire, si ce n'est des apports réguliers. Ils proposent en général différentes enveloppes : assurance vie, CTO, PEA.

Naturellement cette gestion a un coût, mais elle présente deux avantages :

1. Vous n'avez plus rien à faire.

2. Vous risquez de faire moins d'erreurs, et comme nous allons le voir dans le prochain chapitre l'épargnant est son meilleur ennemi.

Mais attention, si vous choisissez une gestion déléguée, faîtes en sorte de choisir une gestion déléguée qui s'appuie sur des ETF. Et c'est rare.

J'ai comparé les robo advisors sur le blog :

www.epargnant30.fr/robo-advisors

COMPARATIF ROBO ADVISORS

« Les investisseurs ont perdu bien plus d'argent en tentant d'anticiper les chutes de la bourse plutôt qu'à cause des chutes elles-mêmes. »

Peter Lynch

Investisseur de légende

VOTRE MEILLEUR ENNEMI

La méthode est simple : épargner régulièrement sur un fonds en euros et sur un tracker monde... mais elle n'est pas si simple à maintenir dans le temps à cause de... VOUS !

Et là, vous allez devoir faire face à l'ensemble de vos biais cognitifs. Des difficultés très bien documentées par la recherche académique, dans le domaine que l'on appelle la finance comportementale[1].

Si vous désirez approfondir le sujet, il faut absolument lire « Système 1/Système 2 : les deux vitesses de la pensée » de Daniel Kahneman (Prix Nobel d'Économie 1992).

Voici quelques biais :
- La focalisation sur l'information facilement disponible. On retient plus facilement les informations véhiculées par les journaux grand public ou la publicité plutôt que par les recherches académiques.
- La focalisation sur les derniers événements plutôt que les réelles statistiques. L'immobilier a monté depuis 15 ans contrairement aux actions et on oublie que les actions sont un formidable investissement sur le long terme. On oublie aussi que l'immobilier peut baisser.

---

[1] Pour débuter vous pouvez lire « The Little book of Behavioral Investing (How not to be your worst enemy) » de James Montier, plus simple et surtout plus rapide à lire que l'ouvrage de D. Kahneman, mais non traduit en Français.

- Le fait de croire trop facilement à la compétence et non à la chance. Votre dernier coup en Bourse est-il réellement lié à votre savoir-faire ?
- Le conservatisme, c'est-à-dire la difficulté à se rallier à de nouvelles théories ou preuves. Pourquoi le marché des trackers est-il si peu développé en Europe ?
- La surconfiance, par exemple quel pourcentage d'entre nous se sent moins bon conducteur que la moyenne ? Largement moins que 50 % ! Il en va de même pour la sélection d'actions.
- La recherche effrénée de la confirmation de ses théories plutôt que de leurs infirmations.

Plus prosaïquement, lorsque vous mettrez en place votre stratégie passive, vous aurez nécessairement quelques moments difficiles à passer :

- Continuerez-vous à investir régulièrement lorsque les bourses dégringoleront de 50 % et que tous les journaux et télévisions prédiront la fin du monde ou en tout cas celle du capitalisme ?
- Vous satisferez-vous d'une performance moyenne, celle du marché ou vous direz-vous que vous méritez bien mieux ? Vous souviendrez-vous que cette performance est en réalité exceptionnelle ?
- Comment réagirez-vous quand votre collègue vous annoncera qu'il a fait X2 sur Apple ou X3 sur telle action et que c'était soi-disant évident ? (En oubliant de parler de toutes ses pertes !)
- Comment allez-vous vous comporter lorsque la bourse ne cessera d'augmenter ? Arriverez-vous à maintenir votre profil de risque (ne pas passer à 100 % actions, ne pas utiliser de levier...) ?
- Comment réagirez-vous quand tous les journaux

et télévisions vous diront que « cette fois c'est différent, on est entré dans une nouvelle ère » ?

Il est très difficile de lutter contre ces biais et la plupart des investisseurs n'y arrivent pas. Par exemple, le graphique ci-dessous montre que les épargnants investissent lorsque la bourse a déjà monté et désinvestissent pendant les périodes de stress où la bourse baisse. C'est le contraire qu'il faut faire, il faut acheter quand la bourse est basse !

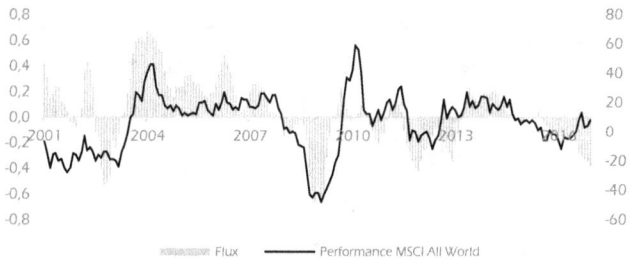

Lien entre les flux dans les fonds actions (aux États-Unis) et la performance des actions (2001-2016)

Mais soyons honnête ce n'est pas si simple. C'est comme un régime, on sait ce qu'il faut faire, et pourtant on y arrive pas toujours.

Une bonne connaissance de l'histoire financière et notamment des crises n'est pas indispensable, mais cela peut aider à résister. Ce livre vous en donne un petit aperçu. Mais si vous devez lire quelque chose, choisissez donc un livre d'histoire[1] plutôt que les news financières.

---

[1] Pour l'histoire financière, vous pouvez lire « Cette fois, c'est différent : Huit siècles de folie financière » de C. Reinhart et K. Rogoff.

« L'habileté à évaluer les perspectives d'une société est insuffisante pour réussir dans la négociation d'actions, où la question clé est de savoir si les informations sur cette société sont déjà incorporées dans le marché. Les gestionnaires de fonds et trader ne semblent pas avoir les compétences pour répondre à cette question. Ils semblent aussi être ignorants de leur ignorance. »

Daniel Kahneman

Prix Nobel d'Économie 2002

LES 10 COMMANDEMENTS

❶ En ligne tu iras

❷ Des trackers tu prendras

❸ Diversifié tu seras

❹ Le PEA tu privilégieras

❺ Ton risque tu définiras

❻ Des apports réguliers tu feras

❼ Quand la bourse baissera, tu ne paniqueras

❽ Quand la bourse montera, tu ne t'emballeras

❾ Ton portefeuille tu rééquilibreras

❿ De la vie tu profiteras

« Seuls 3 % des gestionnaires arrivent à avoir une performance qui permet de couvrir les coûts. Cela signifie que même les meilleurs gérants n'auront pas une meilleure performance qu'un tracker et que 97 % feront moins bien. »

Eugene Fama

Prix Nobel d'économie 2013

COMBIEN ALLEZ-VOUS GAGNER ?

Mais avec tout ça combien allez-vous gagner ?

Comme toujours pour ce type d'exercice, il faut prendre des hypothèses. Nous allons donc partir avec un capital de départ de 100 000 €[1], et un profil équilibré de 50 % en actions mondiales et 50 % en obligations. Les actions ont une performance de 8 % par an, les fonds en euros distribués sur Internet ont une performance de 3 % par an, et les fonds d'obligations 3 % hors frais de gestion. Cela correspond à peu près à la tendance historique de long terme de ces classes d'actifs.

Partons sur une solution largement plébiscitée par les investisseurs : un fonds diversifié[2], à 50 % en actions et 50 % en obligations. Il va donc probablement faire 5,5 % par an (la moyenne des actions et des obligations) moins ses frais (2 %). À cela il faut ajouter les frais de gestion de l'assurance vie (souvent 1 % dans un réseau bancaire et 2 % de frais d'entrée).

Au bout de 10 ans, vous aurez 125 k€. Cela correspond une performance de 2,3 % par an, soit moins que le fonds en euros ! En comparaison, la méthode décrite dans ce livre devrait vous amener à une performance très proche de 5,5 %, notamment car les frais sont optimisés (et je n'ai pas pris en compte la fiscalité,

---

[1] Je ne prends pas en compte des apports réguliers par souci de simplicité.

[2] Fonds flexible, fonds diversifié, fonds patrimonial sont plus ou moins des synonymes.

qui elle aussi est optimisée). On arrive ainsi à 170 k€. Une différence très significative. Vous avez au bout du compte 1,4 fois plus d'argent, et surtout vous avez gagné pratiquement trois fois plus d'argent !

Cela correspond aussi à 4 500 euros de gain en plus par an pour 100 000 euros investis.

Vous ne me croyez pas ?

Plaçons-nous donc dans la vie réelle et comparons la stratégie passive avec la moyenne des fonds patrimoniaux. Un fonds patrimonial est un fonds qui a une allocation équilibrée entre les actions et les obligations.

Je suis remonté jusqu'en 2004. Nous pouvons donc comparer en prenant en compte des crises boursières sévères : grande crise financière de 2008, crise grecque (baisse de la bourse française de 15 %), pandémie de coronavirus...

Pour la stratégie passive Épargnant 3.0, j'ai pris un ETF Monde investi dans un PEA et un fonds en euros correct (Eurossima de Generali), à 50 % / 50 % rééquilibré chaque année.

J'ai pris la moyenne des fonds en euros patrimoniaux (allocation modérée – international) dans une assurance vie standard avec des frais de gestion à 1 % par an (je n'ai pas compté de frais d'entrée alors que c'est souvent la norme).

J'ai aussi pris en compte une stratégie consistant à ne rien faire, c'est-à-dire à placer votre argent sur un compte courant et perdre l'inflation chaque année.

Voilà les résultats des différentes stratégies entre 2004 et 2020 (en prenant en compte l'inflation) :

- Épargnant 3.0 transforme les 10 000 euros en 21 000 euros, au rythme de 4,7 % par an.

- La moyenne des fonds patrimoniaux transforme les 10 000 euros en 9 700 euros, au rythme de -0,2 % par an.

- Ne rien faire transforme les 10 000 euros en 8 200 euros, au rythme de -1,2 % par an.

Les résultats sont incroyables non ?

- Investir dans un fonds patrimonial vous aurait fait perdre de l'argent, alors que la stratégie Épargnant 3.0 aurait permis de doubler votre patrimoine en pouvoir d'achat !

- Et le risque de la stratégie Épargnant 3.0 n'est pas plus grand ! Bien sûr, la chute a été sévère en 2008 (-17 %), mais pas plus qu'une stratégie avec des fonds actifs.

L'évolution annuelle est représentée dans le graphique est suivant :

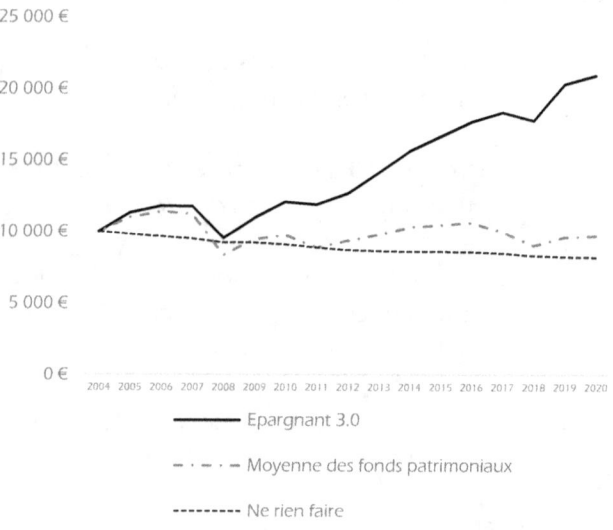

Performance de la stratégie Épargnant 3.0 face à des fonds patrimoniaux et ne rien faire (2004 – 2020).

Naturellement, il est possible de trouver aujourd'hui des fonds qui ont passé correctement la crise de 2008. Mais auriez-vous pu les identifier avant 2008 ? Probablement pas ! J'ai comparé avec le célèbre fonds Carmignac Patrimoine qui a réussi à avoir une performance positive en 2008. La stratégie Épargnant 3.0 est repassée devant dès 2014. Ce fonds star aurait transformé les 10 000 euros de 2004 en 16 700 euros en 2020. Loin derrière Épargnant 3.0 avec ses 21 000 euros !

Pour 10 000 euros vous auriez gagné chaque année 700 euros de plus que les stratégies classiques proposées par les banques et 800 euros de plus que ne rien faire !

Pour 100 000 euros investis vous auriez gagné 7 000 euros de plus par an qu'une stratégie classique. Vous remarquez d'ailleurs que la performance réelle est plus importante que le gain théorique calculé en début de chapitre (mais qui ne prenait pas en compte l'inflation).

Pour 500 000 euros investis vous auriez gagné 35 000 euros de plus par an qu'une stratégie classique.

La stratégie Épargnant 3.0 a une performance exceptionnelle.

En plus, elle est accessible et vous permet d'investir avec sérénité en y passant uniquement une minute par mois !

Elle est accessible avec un petit capital (que vous allez faire grossir) et indispensable avec un capital important.

Pourquoi vous en priver ?

« Les preuves sont irréfutables. La plupart des gérants de fonds devraient arrêter ce métier et feraient mieux de se mettre à la plomberie, enseigner le grec ou diriger des entreprises. »

Paul Samuelson

Prix Nobel d'Économie 1970

POURQUOI (BIS) ?

Une question que l'on me pose très souvent et qui est fort légitime : « mais si c'est si simple pourquoi est-ce que tout le monde ne le fait pas ? »

La première réponse est que si, justement, beaucoup de gens le font... Et encore plus les institutionnels que les particuliers.

L'histoire de la gestion passive remonte en 1976, aux États-Unis, quand John Bogle a lancé le premier fonds indiciel (suivant l'indice phare des États-Unis, le S&P 500). Peu de gens ont cru que ce nouveau modèle pourrait fonctionner, pourtant il a pris progressivement de l'ampleur. Le fonds est passé de 11 millions $ d'encours (le montant sous gestion) en 1976, à 17 Mds $ en 1995 puis 100 Mds $ en 2000 et plus de 650 Mds $ en 2021.

Entre-temps, le premier tracker, c'est-à-dire un fonds indiciel négociable en bourse, a été créé en 1993. Ce tracker, géré par Standard & Poors, existe toujours et a un encours de pratiquement 350 milliards de $ en 2021.

Aux États-Unis, la gestion passive recouvre les fonds indiciels (non négociable en bourse) et les trackers ou ETF[1] (eux négociables en bourse).

---

[1] En France, en revanche, on peut assimiler gestion passive et trackers. S'il existe des fonds suivant des indices (parfois sans le dire !), ils ont des frais peu compatibles avec les principes de la gestion passive.

Le graphique ci-dessous représente la répartition entre les fonds indiciels (cotés et non cotés) et la gestion active sur les fonds américains investissant aux États-Unis.

% d'encours des fonds passifs par rapport à l'ensemble des fonds investissant dans les actions américaines[1]

La croissance est très importante. Par exemple, de 2010 à 2019, les flux sont les suivants pour les fonds américains investissant aux États-Unis :

- fonds passifs : +1,8 milliard de dollars.

- fonds actifs : -1,7 milliard de dollars.

Pour analyser ces chiffres correctement, il faut noter que les fonds (passifs et actifs) ne possèdent que 30 % de la bourse américaine. Il existe de nombreux autres acteurs : les fondateurs, les fonds de pension, l'État, etc. La bourse n'est pas possédée par les fonds passifs et ETF !

---

[1] Investment Company Factbook 2020

Aussi, la gestion passive s'est largement plus diffusée dans l'investissement en actions. Mais les ETF sont en train de rattraper leur retard sur la gestion obligataire. Les trackers ont aussi énormément d'atouts dans leur manche sur cette classe d'actifs.

Aujourd'hui, 9,6 millions d'Américains (8 % des ménages) possèdent des ETF. Statistiquement, ces Américains sont plus fortunés que ceux investissant dans des fonds classiques et même que ceux investissant en direct dans des actions[1]. Ils ont aussi un niveau d'étude en moyenne plus élevé[2].

Pourtant la performance des trackers est accessible au plus grand nombre. Cela ne demande pas de compétences particulières... Certainement moins que d'investir en direct en actions... Et pas plus que d'investir en fonds classiques.

En Europe, l'encours des ETF est passé d'un point de 200 milliards d'euros en 2009 à plus de 1000 milliards d'euros en 2021[3]. La part des ETF dans la gestion de fonds est de l'ordre de 9 %, alors qu'elle n'était que de 5 % en 2015. La gestion passive en Europe et surtout en France, est surtout le fait de professionnels et d'institutionnels.

---

[1] Investment Company Factbook 2020. Les investisseurs en trackers ont un patrimoine financier moyen de 400 000 $ contre 250 000 $ pour ceux investissant en fonds classiques et 350 000 $ pour ceux investissant dans des actions en direct.

[2] 64% investisseurs des investisseurs en tracker ont fait plus de 4 ans d'études supérieures contre 54% de ceux détenant des fonds classiques et 57% de ceux investissant en direct dans les actions.

[3] Morningstar et Trackinsight.

Cette méthode devrait, selon moi, avoir une beaucoup plus grande diffusion qu'actuellement. Il n'y a pas de raisons fondamentales que la performance de la gestion passive soit réservée aux professionnels et aux épargnants les plus informés.

À mon sens, les explications de ce désamour sont les suivantes :

- Les épargnants n'ont tout simplement pas connaissance de la méthode. Il existe un manque important d'information facilement disponible sur le sujet. Cela s'est amélioré depuis la première édition d'Épargnant 3.0 en 2015. Cependant, cela reste finalement relativement confidentiel par rapport aux autres formes d'investissement.
- Les épargnants croient que la finance est nécessairement très compliquée et réservée à une élite. Il y a une allergie à la finance et aux chiffres.
- Il est difficile de croire qu'en payant moins on aura une meilleure qualité et une meilleure performance.
- Avoir une performance indicielle, c'est-à-dire « moyenne », ne fait pas rêver les gens. Ils ne se rendent pas compte que cela permet en réalité une performance exceptionnelle.
- L'épargnant croit souvent que la bourse est un immense casino. Et il préfère jouer au casino plutôt que de gagner « lentement », mais nettement plus sûrement. Il est vrai qu'il est plus divertissant de raconter en société que l'on possède des actions Tesla ou des Bitcoins que la moyenne des actions mondiales et des fonds en euros...

Autre point notable, les institutions financières et les intermédiaires n'ont pas nécessairement intérêt à pousser un modèle qui leur ferait gagner moins d'argent... En effet, ces acteurs vivent des frais de gestions directement, d'autres récupèrent indirectement ces frais de gestions et d'autres encore sont rémunérés en fonction du nombre de transactions. La passivité et les faibles de frais ne sont pas d'un grand intérêt pour eux !

Profitez-en pour faire un petit essai. Demandez à votre conseiller en gestion de patrimoine quelles sont ses rétrocommissions (sur les fonds actifs, sur les SCPI, etc.). Il est censé vous les donner. Je pense que vous serez surpris.

Vous n'avez pas de conseiller en gestion de patrimoine ? Allez sur le site d'une banque en ligne et simulez l'achat d'un fonds actif. Vous verrez la part qui revient à la banque en tant que distributeur.

Un exemple parmi tant d'autres, dans une excellente banque en ligne. Fonds star (donc particulièrement mis en avant par la banque) investi dans les actions internationales : frais annuels de 2,21 % et rétrocommission de 0,75 % (chaque année ...). Et naturellement la banque ne touche rien pour « distribuer » un ETF.

Finalement, peu d'acteurs communiquent sur cette méthode.

J'espère que ce livre comble un peu ce déficit.

« L'essence de la construction de portefeuille efficace est l'utilisation d'un grand nombre d'actifs peu corrélés. »

William Bernstein

Docteur en économie, célèbre auteur financier américain

POUR ALLER PLUS LOIN

Vous vous en doutez, il est tout de même possible d'aller plus loin, en gardant ces principes de base : être à la fois simple, performant, documenter par la science et ne prendre qu'une minute par mois.

L'idée de ce chapitre n'est pas du tout de détailler les méthodes qui permettent d'aller plus loin. Il vise seulement à donner quelques pistes.

J'ai créé d'autres contenus qui permettent d'approfondir ces sujets :

- Le livre « Créer et piloter un portefeuille d'ETF », qui a été conçu comme un ouvrage de référence sur le sujet.

- La « formation en ligne Épargnant 3.0 » qui a été conçue comme un guide pas à pas pour vous accompagner à créer un plan d'action adapté à vos besoins. Elle est à la fois didactique, complète, à jour. Il y a à la fois des vidéos, des quiz, des démonstrations et des outils (un pour simuler la performance que vous auriez pu avoir dans le passé, un pour simuler votre patrimoine futur !). Par ailleurs, je réponds à vos questions. Vous n'êtes pas seul.

www.epargnant30.fr/formation-patrimoine

Voilà quelques exemples de ce que l'on peut faire.

La répartition géographique de ses investissements

L'indice World que suivent les trackers présentés dans ce livre est un très bon indice, à la fois représentatif et diversifié Boursier. Cependant, il présente deux inconvénients.

En premier lieu, il ne comporte pas les pays émergents. Pourtant, ces pays représentent tout de même déjà plus du tiers du PNB mondial. Il faudrait donc ajouter un tracker pour ces pays.

Deuxièmement, la répartition géographique est calculée selon une certaine formule (la capitalisation boursière flottante), mais on peut vouloir avoir une autre répartition géographique. Par exemple, les États-Unis représentent plus de 50 % de cet indice, mais seulement 25 % du PNB mondial.

Vous pourriez donc construire un portefeuille d'ETF avec une répartition géographique en fonction du PNB plutôt que du poids des bourses de chaque région.

L'optimisation des frais des trackers

Avec des frais à 0,4 % par an, les ETF monde spécifiques au PEA sont bien moins chers que les fonds classiques. Cependant, parmi les trackers, ils sont plutôt chers. Il est aisé de faire passer les frais annuels en dessous de 0,2 %.

Vous pouvez donc faire baisser le coût global de son portefeuille en assemblant des ETF moins chers. C'est toujours cela de gagné.

Au-delà des frais purs, certains trackers sont plus ou moins bien conçus ou gérés, par exemple concernant l'optimisation de l'impôt à la source. Cela ne se retrouve pas dans votre impôt, mais dans la performance finale du tracker. C'est encore une source de gain.

La maximisation du ratio performance sur risque

Une activité qu'adorent pratiquer les gérants de portefeuille : la conception de portefeuilles optimisant le retour sur risque (méthode Markowitz en particulier).

L'objectif est de mixer des actifs si possible performants et les moins corrélés possible afin de maximiser le retour sans faire trop augmenter le risque (la volatilité en pratique). Par exemple, les foncières cotées (SIIC) sont liées à l'évolution d'un actif physique (l'immobilier) et donc parfois très décorrélées du reste des actions.

Cette recherche de décorrélation est souvent ce qui incite certains à mettre de l'or ou des matières premières dans leur portefeuille financier. En effet, les cours du pétrole brut et de la bourse peuvent évoluer dans des sens très différents.

L'adaptation par rapport au reste de son patrimoine, dont son épargne salariale

Il est important d'avoir une vue globale de votre patrimoine, afin qu'il corresponde à son allocation cible tant en termes de risque (en particulier, le ratio entre les actions et les obligations) et de répartition géographique.

Certains d'entre vous ont certainement la chance

d'avoir accès à l'épargne salariale. Elle se matérialise par l'accès à des actions de votre entreprise employeuse et des fonds. Ces investissements sont souvent abondés, surtout lorsqu'il s'agit d'investissement en actions de votre employeur. Ainsi, il n'est pas si rare d'avoir une somme significative de son patrimoine largement investie dans les actions de l'entreprise dont on est employé. Comme précisé précédemment, cela est contraire au principe de diversification.

Il devient donc nécessaire de choisir des trackers qui optimisent la diversification avec votre entreprise, c'est-à-dire le moins corrélé possible avec cette dernière. À titre d'exemple, si vous êtes employé/actionnaire d'une entreprise française, et même si elle fait une part significative de son chiffre d'affaires en dehors d'Europe, vous aurez intérêt à renforcer votre allocation aux sociétés non européennes. On peut, par exemple, compléter un tracker « monde » par un tracker investi aux États-Unis ou dans les pays « émergents ». Par ailleurs, les petites entreprises sont encore plus décorrélées, cela peut aussi être une piste de réflexion. D'ailleurs, il existe des ETF investis dans les petites capitalisations américaines, éligibles au PEA.

Il est aussi intéressant de regarder les fonds dans lesquels vous êtes investis (dans vos plans d'épargne salariale, vos assurances vie, etc.). Pour cela il faut regarder les reportings de ces fonds. En général, l'allocation globale des particuliers est très axée sur l'Europe, voire la France. Si vous ne voulez pas sortir de ces fonds ou de ces enveloppes, notamment pour des raisons fiscales, il faudra probablement surpondérer vos nouveaux investissements avec plus de trackers investis en dehors de l'Europe.

L'utilisation du factor investing, aussi appelé « smart beta »

Il existe des trackers fondés sur des méthodes quantitatives (des algorithmes), dont l'objectif est de battre le marché sur le long terme. Cependant, ce n'est bien sûr pas possible à tous les coups et surtout pas en regardant uniquement le court terme.

Ils s'appuient en particulier sur les travaux de Eugene Fama (Prix Nobel d'Économie 2013) et Kenneth French. Les entreprises de petite taille, les entreprises faiblement valorisées, les entreprises dont le prix de l'action a le plus augmenté récemment ont de fortes chances de faire mieux que la moyenne des actions[1].

Il faut faire attention. Cette théorie ne s'oppose pas du tout à ce que l'on appelle « l'efficience des marchés », un des socles de la méthode de ce livre. Cette théorie dit que l'ensemble de l'information est déjà intégrée dans le marché et que le fait de faire mieux que le marché doit être attribué dans la plupart des cas à la chance et non à la compétence. D'ailleurs, Eugene Fama est considéré comme un des pères de la théorie des marchés efficients. Elle ne s'oppose pas, car, comme le souligne Eugene Fama souvent interrogé sur ce point, la surperformance est due à un plus fort risque[2] des actions précitées. Et, de

---

[1] Il s'agit ici de leur modèle historique appelé « 3 factor model » complété du facteur Momentum. Il a été depuis mis à jour par un « 5 factor model ».
[2] Dans l'esprit d'E. Fama le risque est le fait de faire une mauvaise

manière générale, on attend une performance plus forte de quelque chose de risqué.

D'autres considèrent cependant que l'explication tient plus des biais comportementaux. Par exemple, comme la plupart des gens regardent la performance sur les 12 derniers mois, il n'est pas incohérent que ces actions montent plus dans les mois suivants. Mais cela ne fonctionne pas indéfiniment. Au bout de trois ans, elles auront tendance à moins bien performer. C'est ce que l'on appelle le retour à la moyenne.

Il est possible de profiter de tout cela en sélectionnant des ETF nommés « smart beta »).

Simulez votre patrimoine futur

Il est possible de simuler votre patrimoine futur en utilisant des outils qui s'appuient sur les statistiques et en particulier ce que l'on appelle la Méthode de Monte-Carlo.

Ces outils permettent de répondre aux questions suivantes par exemple :

- Quel sera mon patrimoine dans 15 ans si je commencer à investir dans tel portefeuille avec 10 000 euros et j'économise 100 euros par mois ?

- Aurai-je suffisamment d'argent pendant toute ma retraite si je débute ma retraite avec tel

---

performance au plus mauvais moment (quand tout baisse).

montant et je consomme chaque mois telle somme de ce portefeuille ?

J'ai créé un outil de ce type spécifiquement adapté aux besoins de la communauté Épargnant 3.0. Il accompagne la formation Épargnant 3.0

Cet outil n'a pas vocation à prédire votre patrimoine futur, mais de donner des probabilités. C'est une aide à la réflexion pour construire ce que j'appelle une politique d'investissement.

CE QUI EST IMPORTANT

D'ailleurs, j'aimerais souligner, qu'un bon plan financier s'appuie certes sur un bon ETF ou un bon portefeuille, mais pas que.

Un bon plan financier doit être le résultat d'une réflexion sur vos objectifs (achat d'une résidence principale, retraite, transmission, etc.) et de votre capacité à accepter le risque. Il en résulte en particulier sur votre allocation entre les actions et les obligations (ou fonds en euros). Cette allocation cible n'est probablement pas votre allocation actuelle. Il faudra donc bien réfléchir à la meilleure manière de passer de votre allocation actuelle à l'allocation cible.

Ce plan doit être à la fois bien réfléchi, simple et efficace.

« Prévoir est un art difficile, surtout lorsqu'il s'agit du futur. »

Niels Bohr

Prix Nobel de Physique 1922

LE MESSAGE DE L'AUTEUR

Avant de passer à la conclusion « Lancez-vous », j'aimerais vous encourager à parcourir mon blog epargnant30.fr. Vous allez y trouver de nombreuses informations complémentaires au livre. Vous y trouverez aussi le Mini-Guide pratique des ETF (comprendre, sélectionner, acheter, vendre des ETF) : epargnant30.fr/guide

Vous pouvez scanner le QR code ci-dessous avec votre téléphone portable afin d'être redirigé vers la page de téléchargement du guide.

J'espère aussi que vous avez apprécié la lecture et qu'elle vous sera utile dans vos investissements.

Ce livre a été réalisé en autoédition. Cela signifie qu'il n'est pas promu par un éditeur, mais principalement par le bouche-à-oreille. N'hésitez pas à partager votre avis sur Amazon. Ce sont toujours les lecteurs qui parlent le mieux des livres. Je compte sur vous pour parler de la gestion passive autour de vous.

« Les 281 ETF d'actions (Exchange Traded Funds), fonds indiciels cotés, ont affiché un niveau moyen de frais égal à 0,36%. La moyenne des frais des fonds d'actions gérés « activement » (sans les OPC classés « indiciels » et sans les ETF) s'est établie à 1,95% (2,31% pour 337 fonds d'actions européennes et 2,19% pour 180 fonds d'actions françaises).. »

Autorité des Marchés Financier

La Lettre de l'Observatoire de l'épargne de l'AMF (Autorité des Marchés Financiers), décembre 2017.

FORMATIONS ÉPARGNANT 3.0

Afin de vous aider à vous lancer avec sérénité, j'ai élaboré une formation en ligne. Je vous accompagne pas à pas pour vous aider à élaborer VOTRE politique d'investissement (et non à vous donner un portefeuille type).

Cette formation permet d'accompagner à la fois les débutants et les investisseurs plus avancés. elle est très progressive, composée de vidéos, de quiz et de démonstrations. Elle est découpée en trois niveaux d'approfondissement que vous pouvez choisir séparément.

Vous pouvez avoir accès à deux outils uniques sur le marché français : un outil pour simuler l'évolution de portefeuilles financiers depuis plus de 40 ans, et un outil pour simuler votre patrimoine futur.

De plus je réponds à vos questions. Vous n'êtes pas seul devant un livre. Le meilleur moyen d'ailleurs une bonne performance, avec sérénité et limiter vos erreurs.

epargnant30.fr/formation-patrimoine/

92%

% de fonds actifs investissant dans
les actions mondiales battus par
l'indice MSCI World sur 10 ans

Étude Lyxor 2019

LANCEZ-VOUS !

J'espère qu'après avoir lu ce livre vous aurez envie de vous lancer. C'est tout à fait possible avec un petit effort au début, un faible investissement en temps de manière régulière, je dirais une minute par mois... et surtout une bonne force de caractère. Il faut accepter de ne rien faire et investir en toute circonstance.

Vous pouvez désormais prendre vos finances en main. Qu'est-ce qui vous en empêche ?

Vous n'avez pas le temps ?

Oui, faire le bilan de vos avoirs, transférer un PEA et ouvrir une assurance vie prend un peu de temps ! Mais après, cela ne prend qu'une minute par mois. De plus, le temps investi initialement aura un retour sur investissement probablement très significatif.

Si vous trouvez une autre activité qui permet de gagner autant d'argent (légalement !) en quelques heures, n'hésitez pas à m'en faire part ...

Vous pensez que vous pouvez avoir une performance bien meilleure que le marché ?

Relisez ce livre ... et lisez toutes les études référencées.

C'est une stratégie risquée ?

Ce n'est pas une stratégie réellement risquée dès lors que vous avez un pourcentage d'actions adapté à votre profil et que vous investissez régulièrement sur le long terme.

Vous avez entendu dire que les ETF sont des produits dangereux ?

Les ETF ne sont pas plus risqués que les fonds classiques. Ils sont d'ailleurs émis par des filiales de grandes banques. Le plus important est ce dans quoi est investi l'ETF. Un ETF investi en actions mondiales, sera bien moins risqué qu'un ETF investi dans de petites entreprises d'un seul pays. Il est donc judicieux de rester sur des ETF classiques, avec des encours significatifs et suivant des indices renommés.

Vous avez entendu dire que les ETF sont pires que le Marxisme ?

Oui, certains gestionnaires ont écrit que l'investissement passif était pire que le Marxisme[1]. En effet, il ne favoriserait pas la compétition entre les sociétés, puisqu'il les achète toutes. De plus, il rendrait les marchés inefficients. Que se passera-t-il lorsque tout le monde sera investi en ETF ? Qui fixera les prix des actions ?

Les études sur l'impact des ETF sur la concurrence et sur les marchés ne sont, à ce stade, pas conclusives. Et chacun y va de ses arguments. Cela étant, on en est loin du tout indiciel aux États-Unis et encore plus en Europe. Par exemple, l'AMF a calculé que seul 1 %[2] des encours des actions européennes étaient possédés par des ETF.

---

[1] « Passive Investing Is Worse for Society Than Marxism » Alliance Bernstein (2016)

[2] « Les ETF : caractéristiques, état des lieux, analyse des risques – le cas du marché français » AMF (2017)

Une chose dont on est sûr, en revanche : dans les pays où l'indiciel est le plus fort, les frais des fonds baissent le plus. C'est donc bon pour les épargnants.

Aussi, certains disent que comme les marchés seront moins efficients, la gestion active pourra à nouveau (sic) tirer son épingle du jeu. Je ne le pense pas. C'est une question de logique. Une gestion a une performance de l'indice moins les frais. Et la gestion indicielle engendre moins de coûts que la gestion active. Par nature, la gestion indicielle fait mieux que la gestion active. De plus, malgré l'essor des ETF le pourcentage de fonds actifs dépassant leur indice de référence ne cesse de baisser !

Vous avez entendu dire que les marchés sont trop hauts ?

C'est vrai la bourse a fortement progressé ces dernières années. Par exemple, l'indice monde a progressé de plus de 10 % par an depuis cinq ans. Mais, si les marchés sont à ce niveau-là, c'est que l'ensemble des gérants pense qu'il doit être à ce niveau. Ils se sont posé la question de l'impact de la politique monétaire des banques centrales, du niveau du pétrole, des risques de guerre, etc.

Par ailleurs, il est démontré que statistiquement, attendre une correction pour rentrer sur le marché entraînait un manque à gagner très significatif. Et ce quel que soit le niveau du marché, cher ou pas cher (si tant est que l'on puisse le définir).

La seule méthode rationnelle est d'investir régulièrement, quel que soit le niveau des marchés.

Vous n'avez pas tout compris à cette histoire de rééquilibrage

C'est effectivement une partie de la méthode qui a un peu de complexité, mais vous n'avez pas besoin de le faire souvent (moins d'une fois par an). Vous pouvez aussi vous faciliter la vie en déléguant la gestion à un robo advisor.

Vous n'arrivez pas à définir le pourcentage d'actions dans votre portefeuille

Connaître sa tolérance au risque est effectivement compliqué. Tant que l'on a pas vécu un krach, il est peu probable que l'on sache comment l'on va réagir.

Lorsque l'on débute, il faut augmenter la part de son portefeuille financier en actions très progressivement. Une fois que l'on a vécu un krach (-30 %), et que l'on aura analysé comment on réagit, on pourra adapter son allocation en conséquence. Il faut souhaiter qu'il y ait un krach le plus rapidement possible.

Je partage de nombreuses méthodes et outils dans la formation afin de vous aider à définir ce pourcentage.

Vous n'avez pas d'argent, ça ne sert à rien ?

Il est important de commencer le plus tôt possible même si vos revenus, votre capacité d'épargne ou votre patrimoine n'est pas (encore) très important.

Tout d'abord, nous avons vu que la fiscalité des enveloppes d'investissement telles que le PEA ou l'assurance vie était attractive après un délai, qui court à partir de l'ouverture de l'enveloppe. Il faut vraiment ouvrir ces enveloppes le plus tôt possible, afin de lancer ce délai (ce que l'on appelle « prendre date »). Il est possible d'ouvrir certaines enveloppes avec seulement 50 €.

Ensuite, lorsque vous commencez avec peu d'argent ... vous avez moins de chance de perdre une somme importante d'argent ! Vos erreurs vous coûteront moins cher. Vous aurez le temps de mieux vous connaître. Et cela vous permettra d'être plus performant lorsque vous aurez plus d'argent.

De plus, il ne faut pas négliger l'effet des intérêts composés. Des petites sommes qui « travaillent » peuvent faire des grosses sommes.

VOUS N'AVEZ PAS D'EXCUSE POUR NE PAS VOUS Y METTRE TOUT DE SUITE

Il y a toujours des raisons de ne pas faire. Avec cette stratégie, vous aurez tout le temps pour ne rien faire. Mais au départ il faut se lancer ! Vous n'avez pas d'excuses pour ne pas prendre vos finances en main dès maintenant.

Bon courage. Je vous souhaite le meilleur pour votre épargne ... et surtout pour tout le reste.

Édouard Petit

AVERTISSEMENTS

Les informations contenues dans cet ouvrage sont données à titre pédagogique. Le lecteur doit analyser en détail sa stratégie d'épargne et les supports (enveloppes et actifs) sur lesquels il investit. Il est seul responsable de ses décisions d'investissement.

Investir, notamment en actions et/ou en fonds (dont les trackers/ETF) présente des risques.

Par ailleurs, les performances passées ne préjugent pas des performances futures.

Pour plus d'information à ce sujet vous pouvez vous référer :

- au DICI (Documents d'Information Clé pour l'Investisseur) des fonds et trackers.

- aux conditions générales des enveloppes d'investissement (assurance vies, PEA etc.).

- au site web de l'autorité des marchés financiers (www.amf-france.org), et en particulier la catégorie « Épargne Info Service ».

Les informations et points de vue exprimés dans cet ouvrage n'engagent que l'auteur.

Ils ne correspondent pas nécessairement à ceux de ses employeurs présents, passés et futurs.